## Widmung

Ich widme dieses Buch
Freundinnen und Freunden,
Klientinnen und Klienten
Nachfahren.

Mit ihren geschilderten
Erfahrungen, ihren Fantasien und
ihrem Dasein
ist dieses Buch möglich geworden.

Ebenfalls widme ich dieses Buch
dem Wunder des Lebens,
der Lust und der Liebe,
auf dass immer mehr Menschen
Zugang zu der Freude finden,
sich in einem lebendigen Körper zu Hause zu fühlen.

Esther Weinz

# Sex zwischen Himmel und Erde

Befreiung aus inneren und äußeren Zwängen

Wege zur Lust und Liebe

Band 1

Autorin: Esther Weinz

Lektorat: Marian Klapp

Korrektorat: Heike Werner

Umschlaggestaltung: Renata Kapucian SCREENDISGN

Umschlagfoto Vorderseite: (c) dolgachov, www.fotosearch.de

Umschlagfoto Rückseite: Viola Haupt-Kayaga

Verlagslabel: Sternverlag

ISBN Softcover: 978-3-96051-924-9
ISBN Hardcover: 978-3-96051-925-6
ISBN E-Book: 978-3-96051-926-3

Druck und Distribution im Auftrag des Autors:
tredition GmbH, An der Strusbek 10, 22926 Ahrensburg, Germany

(cc) Esther Weinz, Kassel, 2023 Neuauflage
Vorgängerausgabe 2017

Das Werk, einschließlich seiner Teile, ist urheberrechtlich geschützt. Für die Inhalte ist der Autor verantwortlich. Jede Verwertung ist ohne seine Zustimmung unzulässig. Die Publikation und Verbreitung erfolgen im Auftrag des Autors, zu erreichen unter: tredition GmbH, Abteilung "Impressumservice", An der Strusbek 10, 22926 Ahrensburg, Deutschland.

Der Text kann mit folgenden Lizenzen verwendet werden:
(cc) by-nc-nd(Namensnennung, nicht kommerziell, keine Bearbeitung)

Das Cover ist urheberrechtlich geschützt. © Esther Weinz, Kassel, 2023

# Inhaltsverzeichnis

Über dieses Buch..................................................................................7
**Körper-Sein (Teil I)** ........................................................................15
Das Lied (Eva Sattler) ......................................................................15
**Zeugung und Geburt**....................................................................16
Zeugung ohne Zärtlichkeit - Emma erinnert sich ........................16
Eine Seele schickt ihr Lied...............................................................19
Sex in der Schwangerschaft - was empfindet das Ungeborene?....19
Geburt mit der Kraft von Mutter Erde..........................................21
**Jeder Mensch entspringt dem weiblichen Körper**..................26
Der Schoss, aus dem wir kommen..................................................26
Weibliche Ejakulation ......................................................................30
Tessas Lusttropfen flirren in Sommerhitze ...................................32
Selbstbefriedigung - Tessa erzählt mehr .......................................35
Plötzlich sprudelt es und Tessa freut sich......................................37
Die duftende Rose - Venuslippen und Kitzler ..............................39
Die Klitoris - das geheimnisvolle Lustorgan der Frau.................40
Die Rose (Marian Klapp) .................................................................43
Brustkrebsvorsorge - das Geschäft mit den Ängsten...................45
**Matriarchat und Patriarchat** ......................................................48
Als die Welt noch in Frieden war ...................................................48
Die Vertreibung aus dem Paradies .................................................50
**Der männliche Impuls zu neuem Leben** ..................................54
Von der Kraft, die uns zeugt...........................................................54
Die Verharmlosung der Vorhaut-Amputation .............................57
**Der Körper - das Haus unseres Daseins** ..................................63
Unser Körper, Werkzeug zur Gewalt oder Liebe .........................63
Scham und Achtsamkeit...................................................................64
Zu unserem Körper JA sagen! ........................................................66
**Explosion (Teil II)** ........................................................................70
Ein Universum geht vorbei (Eva Sattler) ......................................70
**Sexuelle Entwicklung**..................................................................71
Sexuelles Aufknospen in Prüderie, wie geht das denn?..............71
Die 68er-Bewegung gibt Elsa Rückenwind ..................................73
Elsas erstes Mal am Karfreitag .......................................................76
Elsa traut sich und rennt ins „Erwachsensein" ............................81
Sexuell aufblühen, so geht es!.........................................................84
**Empfängnisverhütung** ................................................................87
Empfängnisverhütung, ein Menschenrecht..................................87
Grüne Empfängnisverhütung bei Primärnationen .....................89
Lustfreundliche Verhütung statt Profitgier .................................91
lea®contraceptivum und die „(Ohn-)Macht" des Geldes.........96

Notwendige Verhütungsalternativen von giftig bis unpraktisch ............97
**Auf der Suche nach Halt**..................................................................**99**
Elsa erzählt von Sehnsucht und Abhängigkeit ...................................99
Fäkalien als Erregungsstimulanzien ..................................................102
Nach dem Rock'n'Roll - Elsa stürzt ab ..............................................103
Die Unterdrückung der Lebendigkeit ................................................106
**„Orgas-muss" oder „Orgas-muße"?** ..................................................**112**
Ein besonderes Geschenk zu Elsas 21. Geburtstag ............................112
Was ist ein Orgasmus? .......................................................................113
Mein Orgasmus? - Ein Freund erzählt mehr ....................................117
**Freiheit (Teil III)** ..............................................................................**118**
In meiner Seele (Eva Sattler) ..............................................................118
**Befreiung aus Unfreiheit und Gewalt** ..............................................**119**
Mechanismen der Unterdrückung ....................................................119
Angst frisst die Freude am Leben ......................................................121
Das große Geschäft mit dem Sex .......................................................124
Die Sucht sucht nach Erfüllung .........................................................127
Die Gewaltspirale dreht sich ..............................................................131
Pädophilie und die Chance, kein Täter zu werden ..........................134
Was hilft gegen Gewalt? ....................................................................135
**Die Freiheit nicht zu wollen, nicht zu stehen, nicht zu kommen** ......**141**
Mein Körper gehört mir! ...................................................................141
NEIN heißt NEIN! ..............................................................................145
Sexuelle Funktionsstörungen „verstehen" ........................................149
Mein Zauberstab muss gar nichts (Marian Klapp) ...........................154
**Die Freiheit, jeden erwachsenen Menschen zu begehren und zu lieben155**
Gruppenbezogene Menschenfeindlichkeit .......................................155
Homophobie .......................................................................................158
Yusuf und sein mutiger Weg zur Selbstbefreiung ............................160
Eine lange und gefährliche Reise zum Menschenrecht ....................167
Bunte sexuelle Vielfalt leben ..............................................................170
**Lust und Liebe** ..................................................................................**174**
Was verhindert bedingungslose Liebe? ............................................174
In Liebe fallen und in der Realität landen ........................................177
Die „Freiheit" zu gehen oder zu bleiben ..........................................178
Die Freiheit, alten Schmerz zu (er-)lösen ..........................................180
Traumhafte Begegnung von Tessa und Ernst ..................................182
Lebendige, liebevolle Sexualität ........................................................187
**Informationen und Ausblicke** .........................................................**192**
Literaturliste, Internetseiten und Kontakte ......................................192
Ausblick 1: Vorträge und Lesungen .................................................198
Ausblick 2: Sex zwischen Himmel und Erde, Band 2 ......................198
Kontakt zur Autorin ...........................................................................200

# Über dieses Buch

## Entstehung und Dank

Die Idee dieses Buches entstand in der langandauernden Suche nach mir selbst, auf dem Weg der Entdeckungen meiner vielfältigen Facetten. Anlass zu einer weiteren Suche in 2016 war meine langjährige Erkrankung an chronischer Borreliose mit Gelenkveränderungen und starken Schmerzen. In einem Seminar zur Intuitionsschulung stand auch die Frage im Raum, was kann ich noch tun, wenn ich nicht mehr wandern, tanzen und… kann. Die Antwort: Ich kann schreiben und tue es gerne. Und ich arbeite auch als Sexualtherapeutin. Mir wurde immer wieder von meinen Klientinnen und Klienten bestätigt, dass ich u.a. in Bezug auf sexuelle Themen Klartext spreche und gleichzeitig deutlich wird, dass ich respektvoll und achtsam bin und auch, dass ich Sex liebe. Es konnte also um Sex gehen[1]. Die Idee für dieses Buch war geboren.

Mit meinen Füßen fest verwurzelt auf der Erde zu stehen, mit meinem Kopf und meinem Herzen die Verbindung zum Wissen des Himmels[2] herzustellen, das erleichterte mir das Schreiben ungemein und inspirierte mich auch zu dem Titel dieses Buches. Ja, ich kann sagen, in dieser Verbundenheit war

---

[1] Englisch: sex, Lateinisch: sexus - Ich verwende „Sex" als umfassende Bezeichnung für das Leben von Sexualität mit Sexualpartnerinnen und Sexualpartnern oder mit sich selbst.

[2] Das Wissen des Himmels meint die Intuition, das Urwissen, die wissenden, morphischen Felder. Zwei namhafte Wissenschaftler haben dazu geforscht:
Vgl. Rupert Sheldrake: Einführung zu Rupert Sheldrake. URL: www.sheldrake.org/deutsch
Vgl. a. Laszlo, Ervin: URL: ervinlaszlo.com (alle abgerufen 17.6.2023)

es mir oftmals eine reine Freude, die Worte fließen zu lassen. Dafür bin ich sehr dankbar.

Viele Spuren in diesem Buch reichen lange zurück. Ich schöpfe meine Texte aus der sprudelnden Quelle meines Lebens und dem meiner Freundinnen und Freunde sowie aus dem großen Vertrauen, welches mir Klientinnen und Klienten in all den Jahren entgegengebracht haben. Oftmals habe ich den Satz gehört: „Das habe ich noch nie einem Menschen anvertraut, was ich hier jetzt sage". Ihre Erlebnisse und Fantasien boten eine riesige Schatztruhe. Ihre Offenheit gibt den Texten den würzigen Geschmack der Realität. Ihre Träume und Visionen schillern in eine Zukunft, in der das Annehmen von Sexualität keines Buches mehr bedarf. Erinnerungen werden zu einer Mischung aus Erlebtem und Erträumtem. Damit sind Fiktion und Realität manchmal kaum mehr zu unterscheiden. Ich schreibe von den sexuellen Themen, die mir in den Schoß oder vor die Füße gefallen sind. Meine Worte leben von der Bereitschaft all derer, die sich mir offen mitgeteilt haben. All diesen Menschen gebe ich von Herzen meinen großen Dank.

Einen sehr großen Dank schicke ich denen, die mich ganz besonders tatkräftig mit ihren jeweiligen Professionen unterstützt haben. Ohne sie wäre dieses Buch so nicht möglich geworden: Marian Klapp, Psychologe und Musiker; Volkmar Wrede, Psychologe; Gerlinde Kettenring, Heilpraktikerin für Psychotherapie und Hebamme; Heike Werner, Lehrerin und Naturkünstlerin; Eva Sattler, Autorin und Heilpraktikerin für Psychotherapie; Renata Kapucian, Screendesignerin; Wim Minnaard, Konfliktvermittler und Systemaufsteller; Viola Haupt-Kayaga, Friseurmeisterin und Stylistin; Ruzmir Satic, Mediengestalter; Ute Braun, Autorin, Heilpraktikerin und Hirtin; Elke Zwinge-Makamizile, Filmemacherin, Autorin, Lehrerin.

**Warum dieses Buch?**

Für den biologischen Erhalt der Menschheit ist es unwichtig, wie wir Sex praktizieren und wie wir uns dabei fühlen. Doch für unseren Körper und unsere Seele hat Sexualität viel mehr zu bieten: Sprühen, Freude, Ekstase, Pulsieren, Strömen.... Für unser persönliches Wohlbefinden und für unsere menschliche Entwicklung sowie für den Frieden in dieser Welt ist es von Bedeutung, dass wir Lust und Liebe gewaltfrei und tolerant leben und uns gut dabei fühlen können.

Die Unterdrückung der Sexualität zeigt sich auch fünfzig Jahre nach der „sexuellen Revolution" häufig noch in Sprachlosigkeit, Gehemmtheit und Beschämung über die eigenen sexuellen Bedürfnisse. Sie mündet vielfach in verschiedene Formen von (sexueller) Gewalt. Das alles ist zum Schreien und Weinen und unendlich weit entfernt von der liebevollen Sexualität, die ich als Potential in jedem Menschen sehe. Die eigenen sexuellen Präferenzen unbekümmert zu leben, ist nur in einem gesicherten und liebevollem Umfeld, wo die Grundbedürfnisse nach Nahrung, Schutz und Zärtlichkeit gegeben sind, möglich.

Wie schön kann es sein, wenn eine Frau und ein Mann, eine Frau und eine Frau, ein Mann und ein Mann... sich frei von Schuld, Vorurteilen, Vorwürfen und Erpressungen vereinigen können. Ich schreibe dieses Buch, damit sich die wunderbaren Gaben der Lust und der Liebe ihren berechtigten Platz im Leben zurückerobern können - im leidenschaftlichen Gewand, vor Freude tanzend in Räumen voller Leichtigkeit und tiefem Mitgefühl und in Tempeln sinnlicher Narretei.

## Vorwort zur Neuauflage

Nach sechs Jahren hat sich für die meisten Menschen sehr viel zum Schlechteren verändert, scheinbar unaufhaltsam, wie ich es mir 2017 nicht vorstellen konnte. Viele meiner Werte habe ich hinterfragt und einiges würde ich heute anders formulieren oder sogar eine andere Themenauswahl treffen. Die Essenz des Buches ist jedoch nach wie vor für mich stimmig.

Eine meiner Tätigkeiten bei der Überarbeitung war, die Sternchen* zu entfernen. Als ich die Vorgängerausgabe geschrieben habe, kam ich mir relativ fortschrittlich vor, Sterne zu setzen und damit zu verdeutlichen, dass es nicht nur ein Geschlecht auf der Welt gibt. Jetzt ist es modern geworden zu gendern und sogar verpönt, es nicht zu tun - ganz gleich wie respektvoll der „Nicht-Gendernde" mit den anderen Geschlechtern tatsächlich umgeht. Mein Wunsch nach Akzeptanz und Gleichberechtigung unterschiedlicher sexueller Präferenzen bei Erwachsenen, die ich noch bei der Erstauflage beschrieben habe, hat mittlerweile in breiten Teilen der nordwestlichen Welt ein neues Dogma auf den Plan gerufen, das wiederum - diesmal andere Menschen - ausschließen und abwerten und z.T. sogar mundtot machen möchte, wenn sie sich nicht „gender-korrekt" ausdrücken. Da verging mir die Lust an den Gender***. Gleichzeitig werden in anderen Teilen der Welt Abweichungen von monogamer Heterosexualität weiterhin massiv unterdrückt und bestraft.

M.E. sind diese Gender- und LGBD-Debatten Spaltungs- und Ablenkungsmanöver gegenüber den wirklichen Problemen auf unserem Planeten, wie: Zunahme von Armut und Hunger überall; weltweite Kriege; Rüstungsexporte in Kriegs- und Krisengebiete; umfassende Umweltprobleme, jenseits von $CO_2$; künstlich erzeugte P(l)andemien mit Maßnahmen, die sowohl psycho-sozial und gesundheitlich, als auch wirtschaftlich großen Schaden anrichten. Als „Rettung" der Menschheit wird milliardenfach eine hoch toxische, unwirksame und nicht endgültig zugelassene „Killer-Impfung" eingesetzt. Gleichzeitig wird der LGBD-Hype auch noch benutzt, Kindern und Jugendlichen hormonelle und operative Geschlechtsumwandlungen aufzudrängen, anstatt ihnen zu helfen, sich in ihrem ursprünglichen Körper zu Hause zu fühlen. All das lässt die Profiteure von Pharma-, Rüstungs-, Finanz- und Digitalkonzernen obszön reicher werden. Die einfachen Menschen macht dieser Wahnsinn ärmer, kränker und unglücklicher.

Nebenbei wird der „Great Reset"[3] von nichtdemokratischen Organisationen (z.B. UN, WHO, WEF), gesteuert von Oligarchen als Hintermänner, weltweit machtvoll durchgedrückt. Deshalb habe ich einige Links, wie z.B. zur WHO, auf die ich mich vor sechs Jahren noch bezogen habe, entfernt. Andere Links waren nicht mehr auffindbar und wurden ersetzt oder die Fußnoten gelöscht.

Möge sich neben all dem Grauenhaften, das Wunderbare unseres Menschseins weiter entwickeln können. Wie gut hat es mir getan, als ich vor einigen Tagen in einem der Netzwerke, die mich durch die letzten drei Jahre getragen haben, diese Worte von White Eagle lesen konnte: „Lernt Widerstand vom Beispiel der indianischen und afrikanischen Völker: Wir wurden und werden immer noch ausgerottet, aber wir haben nie aufgehört zu singen, zu tanzen, ein Feuer anzuzünden und uns zu freuen."[4]

Kassel, im Juni 2023

---

[3] Vgl. Chossudovskys, Michel: Die weltweite Corona-Krise, Globaler Staatsstreich gegen die Menschheit. In: UNCUT-NEWS, Kapitel XII, Stand: 13.6.2023: https://uncutnews.ch/globaler-staatsstreich-und-der-great-reset-globale-verschuldung-und-neoliberale-schocktherapie/

[4] Der Häuptling des Stammes der Hopi-Indianer White Eagle kommentierte die aktuelle Situation u.a. mit o.g. Ausspruch. Gesamte Rede im ÖfS: https://www.forum-systemaufstellungen.at/botschaft-von-white-eagle/ (abgerufen 15.6.2023)

## Überblick

Das erste Kapitel „Körper-Sein" beginnt mit dem besonderen Erlebnis von Emma, die sich an ihre Zeugung erinnert. Es führt weiter zu der Empfängnis von Anisa, die ihr Lied zu Uhlali schickt. Eine Erinnerung aus uralten Zeiten wie Zeugung und Geburt in Verbundenheit mit den Gesetzen des Lebens geschehen können. Es geht weiter auf die Reise zu unserem Körper mit seinen Bedürfnissen und seinen Wundern. Wir können hören, was die Sexualorgane Frauen und Männern zuflüstern. Das Geschäft mit der Brustkrebsvorsorge und die Verharmlosung der Vorhautamputation geben Einblicke in medizin- und religionspolitische Hintergründe. Wir erleben Tessas heiße Begegnung mit Ernst und ihre Freuden bei der weiblichen Ejakulation. Wir erhaschen eine Ahnung davon, wie erfüllend es sein kann, zu und mit unserem Körper JA zu sagen.

„Explosion" schleudert uns mit der Pubertät direkt in die sexuelle Entwicklung. Elsas Erzählungen zeigen ihre Not in einem repressiven Umfeld. Und wie sie es mit der Kraft der Rebellion schafft, nicht unterzugehen. Wir begegnen ihren Erfahrungen mit der Anti-Baby-Pille und der 68er-Bewegung, ihrer Flucht aus dem Elternhaus, ihrem „ersten Mal", ihrer Abhängigkeit zu einer großen Liebe sowie ihrem Absturz in einen Suizidversuch. Explosionen, wie junge Menschen sie in dieser Phase zum Erwachsenwerden erleben können. Über das Menschenrecht auf Verhütung und dessen Schwierigkeiten in der Umsetzung wird ebenfalls einiges zu erfahren sein. Mit der Frage „Was ist ein Orgasmus?" und den Erlebnissen von Elsa, Wilhelm Reich[5] und einem Freund endet dieses Kapitel.

---

5 Wilhelm Reich, Arzt, Psychoanalytiker und Sexualforscher (1887 bis 1957) brachte als erster im Westen, Körper- und Atemübungen in die Psychotherapie ein. Er forschte u.v.a. zur „Funktion des Orgasmus".

„Freiheit" führt zur Unfreiheit und zeigt Befreiungsmöglichkeiten. Dieses Kapitel zeigt die Unterdrückungsmechanismen in der Gesellschaft sowie die eigenen inneren Repressionsmuster. Wir lesen über Menschen, die sich in der Sexualtherapie auf ihren Weg begeben haben und in kleinen oder großen Schritten zu wachsender innerer Befreiung gegangen sind. Sexuelle Minderheiten und ihr langer - noch andauernder Weg - zu sexueller Selbstbestimmung begegnen uns. Yusuf, ein junger, schwuler Mann aus Albanien, gibt uns Einblicke in seinen Weg zu mehr Freiheit entgegen kultureller Fesseln sowie biographischer Verstrickungen. Es wird der Wunsch nach bunter Vielfalt in der Lust und Liebe formuliert, wo jeder erwachsene Mensch jeden anderen erwachsenen Menschen ohne Einschränkungen lieben und begehren kann. Tessa und Ernst nehmen uns zu den zauberhaften Anfängen ihres lustvollen Kennenlernens mit.

## Hinweise

Die Darstellung und Auswahl der Geschichten und Sachthemen geben die subjektive Meinung der Autorin wieder. Sie wollen ganz bewusst keinen neutralen Überblick eines sachlichen Grundlagenwerkes bieten. Im Kontext humanistischer Ethik werden (sexual-)politische Themen fokussiert. Eine herrschaftslose und gewaltfreie Gesellschaft auf Basis von Freiwilligkeit und gegenseitiger Hilfe wird als menschenmögliche Vision[6] gesehen, davon ausgehend, dass der Mensch in seinem tiefsten Wesen mitfühlend und gerecht ist.

---

6 Herrschaftsfreie Gesellschaft bedeutet „Anarchie". Leider wird dieser Begriff in der Regel als „Chaos" verstanden. Im Wortsinn bedeutet er jedoch „ohne Herrschaft" oder „Herrschaftslosigkeit".

Das gewählte Thema „Sexualität" bewegt sich im Spannungsbogen zwischen weltanschaulichen Bereichen, persönlich relevanten Fragen sowie biologisch-wissenschaftlichen und soziologischen Grundlagen, die mit hohem Recherchekomfort in Fußnoten und Literaturangaben belegt sind. Dabei ist ein klarer Blick hinter die glatte Oberfläche von offizieller Medienmache erwünscht.

Dieses Buch erhebt keinen Anspruch auf Vollständigkeit in den Bereichen Sexualaufklärung und Paarberatung. Dazu gibt es mittlerweile hervorragende Literatur und Plattformen, die in den Fußnoten und im Literaturverzeichnis aufgeführt werden.

## Haftungsausschluss

Die in diesem Buch genannten medizinischen und psychotherapeutischen Hinweise sind als Anregungen zu verstehen. Sie ersetzen keine fachliche Beratung, zum Beispiel durch Heilpraktikerinnen und Heilpraktiker, Psychotherapeutinnen und Psychotherapeuten oder Ärztinnen und Ärzte.

Für die Richtigkeit der angegebenen Internetseiten wird keine Haftung übernommen. Diese geben die Meinung der Autorin in Teilaspekten - jedoch nicht in allen Belangen und Bezügen - wieder.

# Körper-Sein (Teil I)

## Das Lied (Eva Sattler[7])

Die Seele schwingt im Rhythmus jeder Zelle
daraus ertönt ein wunderbarer Klang.
Nur Du kennst das Geheimnis dieser Quelle,
nur deine Stimme kennt die Schwingung dieser Welle.
Läßt du sie klingen,
stimmt die Welt mit ein in den Gesang.

---

[7] Sattler, Eva und Kammerer, Daniela: Blütenknall, Augsburg 2016
URL: www.bluetenknall.de URL: www.facebook.com/bluetenknall.de/

# Zeugung und Geburt

## Zeugung ohne Zärtlichkeit - Emma erinnert sich

„Nein, nein, nein, will nicht, nicht auf diese Erde, nicht in dieses Land, nicht zu diesen Menschen." So dröhnt es tonlos, denn es gibt noch kein Sprachorgan, noch kein ICH, noch keinen Namen. Vielleicht ein übergreifendes, alle Welten verbindendes Wissen. Doch das nützt jetzt auch nichts!

Fragen stürzen auf Emma herab: Warum? Warum gerade jetzt? Warum nicht in diesem glückseligen Licht bleiben können? Warum den Frieden verlieren? Warum zurück zu Dunkelheit, zu Elend und Gewalt?

Gibt es einen Zeitpunkt des frühesten Erinnerns in unserem jetzigen Leben? Vielleicht sogar die Erinnerung an unsere Zeugung? Die Geschichte meiner Freundin Emma hat mich nachdenklich gemacht. Sie hat während einer therapeutischen Drogenerfahrung[8] Folgendes deutlich gefühlt und gesehen: Wie unbeholfen sie zeugen, lieblos und unsicher. Als ob sie es das erste Mal tun. Wie kann das sein? Sie sind doch beide nicht mehr so jung. Der Mann versucht seine lang unterdrückte Gier frei zu lassen. Er stochert hektisch zuerst an und dann in ihr herum. Versagensangst verscheucht jede Spur von Zärtlichkeit. Sie ist total verschlossen, hat sich schon lange vor allem Feuchten und Fruchtbaren geekelt. Jede Faser ihres starren Körpers

---

8 Drogenerfahrungen mit therapeutischer Begleitung wurden und werden mit der Einnahme von bewusstseinserweiternden Substanzen, z.B. LSD, Ecstasy oder Pilzen, durchgeführt. Heute gibt es jedoch viele innovative Methoden, wie z.B. verschiedene Formen von gezielter Hyperventilationsatmung oder spirituelle Übungen, die ähnliche Effekte ohne den Konsum verbotener Substanzen ermöglichen.

will sich verweigern, doch sie glaubt, sie muss.[9] Nichts, was ihre Ängste mildern könnte, kein liebes Wort, was sie entspannen könnte. Sie traut sich gar nichts, gibt keinen Ton von sich. Er spürt in dieser hilflosen Aufgeregtheit sowieso nichts, auch nicht, wie weh er ihr gerade tut.

Erinnerungen an tantrische Ekstase[10], glückliche Hingabe und wunderbares Verschmelzen tauchen bei dem Drogenerlebnis zum Glück auch auf. Sie führen Emma in eine andere, wohlduftende Zeit, gebettet auf weiche Kissen, in zärtlich-kraftvollen Armen.

Und dann das hier, so unglaublich roh, entseelt, beraubt von allem Wunderbaren, was zwei Körper miteinander erleben können. Der Widerwille, jetzt inkarniert zu werden, wurde bei Emma immer größer.

Doch es war zu spät. Der Sog war unabwendbar. Nichts konnte diese Macht noch aufhalten. Der Übergang passierte: Durchscheinende Seelenenergie vermischte sich mit Keimzellen aus grober Materie. Emma, die diesen Namen noch nicht kannte, wurde klar: „Ich bin wieder auf der Erde, verstoßen aus dem körperlosen Paradies ohne Schmerz und ohne Leid." Jede einzelne meiner noch sehr überschaubaren Anzahl von

---

9 In Deutschland ist die Vergewaltigung in der Ehe nach § 177 StGB erst seit 1997 strafbar.
Vgl. Stolle, Christa: Keine Privatsache: Vergewaltigung in der Ehe. In: Grundrechte-Report 1998, S. 60-64. URL: www.grundrechte-report.de/1998/inhalt/details/back/inhalt-1998/article/keine-privatsache-vergewaltigung-in-der-ehe-1/ (abgerufen: 27.8.2017).

10 Tantra ist eine alte Philosophie aus Indien, in der sexuelle Aspekte eingeschlossen sind.
Vgl. Wirth, Silvio: Tantra und Sexualität - Sexuelle Praxis als Methode. URL: www.tantra-tradition.de/12.html (abgerufen: 27.8.2017)

Zellen schrie: „Ich will nicht hier sein, schon gar nicht verbunden mit diesem dumpfen Grobzeug."

Emma ist im Mai 1958 gelandet. Der erste Beischlaf ihrer Eltern in deren Hochzeitsnacht, wie sie heute nachrechnen kann. Diese Nacht aller Nächte, romantisch verklärt, von Millionen anderer unaufgeklärter Paare genauso brutal erlebt, wie gerade hier beschrieben. In deutschen Nachkriegsehebetten war dies leider nichts Ungewöhnliches zwischen traumatisierten[11] Frauen und Männern, Täter und Täterinnen und Opfern des Nationalsozialismus.

Emma berichtete mir, dass sie sich nach dieser Erfahrung fassungslos gefühlt habe und von unsagbarem Grauen erfüllt war. Offensichtlich hat die noch nicht bewusst vorhandene Ich-Identität alles genau wahrgenommen und im Zellgedächtnis gespeichert.

Die eigene Zeugung ist wohl für die wenigsten von uns erinnerbar. Jedoch, wer sich ein wenig in der Geschichte seiner Eltern auskennt, kann sich die eigene Zeugung in den Nachkriegsjahren vielleicht ähnlich vorstellen. Wahrscheinlich - hoffentlich! - haben nicht alle Paare so lieblos und unbeholfen gezeugt.

---

11 Ein Trauma ist ein Ereignis, das auf der Zeitschiene schon lange vorbei ist, jedoch immer noch bei Erinnerung daran starke Gefühle, wie Schmerz, Wut oder Angst und Panik auslöst.

## Eine Seele schickt ihr Lied

Wie wunderbar menschlich hingegen klingt diese Geschichte aus einer anderen Zeit und einer anderen Welt: Ulahli wünschte sich ein Baby. In friedvoller Natur - irgendwo in Afrika - setzte sie sich unter einen großen Baum und wartete, bis die noch ferne Seele ihr ein Lied schickte. Sie sang es so oft, bis sie das Gefühl hatte, dass sie jeden Ton genau traf. Dann ging sie zurück in ihr Dorf und rief den Mann, der der Vater werden sollte. Sie sang für ihn das empfangene Lied und übte es mit ihm so lange, bis auch er es mit Leichtigkeit singen konnte. Voller Freude verbrachten sie einige innige Nächte zusammen. Zwischen ihren sexuellen Ritualen und genussvollen Spielen sangen sie immer wieder das Lied.

In tiefer Hingabe riefen sie die Seele, die ihr Kind werden sollte, aus den jenseitigen Weiten des Universums. Wie gern folgte die Kinderseele diesem Ruf.[12]

## Sex in der Schwangerschaft - was empfindet das Ungeborene?

Wie immer ist die Voraussetzung für liebevollen Sex, dass alle Beteiligten vollständig damit einverstanden sind! Mit dabei ist in dieser Situation auch das Ungeborene im Mutterleib. Ich frage mich, was es wohl empfindet. Da es dazu offiziell lediglich die Information gibt, dass Sex in der Schwangerschaft (außer bei einigen Kontraindikationen wie zum Beispiel der Ge-

---

[12] Der folgende Text hat mich für die Geschichte mit Ulahli und Anisa inspiriert. Vgl. Thegodmolecule. Stand: 2013. Blog in URL: thegodmolecule.tumblr.com/post/48146343226/here-is-a-tribe-in-africa-where-the-birth-date-of (abgerufen: 29.8.2017)

fahr einer Frühgeburt) dem ungeborenen Kind in der Regel nicht schadet, interessiert es mich sehr, was dieses Wesen empfinden könnte.

Ich verbinde mich mit meiner Intuition und frage: Was empfindet ein Ungeborenes beim Sex seiner Mutter? Ich spüre, wie ganz klar als erstes die Antwort kommt, dass das Ungeborene - falls keine rohe Gewalt stattfindet, welche die Gebärmutter durchdringt - beim Sex sicher und geborgen in der Gebärmutter mitschaukelt, auch bei aufregenden heftigen Aktivitäten. Die Gebärmutter ist eine wunderbare und sehr schützende Entwicklung der Natur, außen ein dicker Muskel, innen gefüllt mit Flüssigkeit. Also körperlich gesehen ist Sex für das Ungeborene kein Problem.

Es gibt schlimmen und guten Sex, der jeweils entsprechende Gefühle und die damit einhergehenden Hormonüberflutungen bei der Mutter auslöst. Diese Hormone kommen über die Nabelschnur völlig ungefiltert in das Körpersystem des Ungeborenen. Schlimmer Sex basiert auf Unfreiwilligkeit, Manipulation, seelischer und körperlicher Bedrohung und Gewalt gegen die Mutter. Diese Art von Sex produziert Angst, Scham oder berechtigte Wut bei der Mutter, verbunden mit dem Ausstoß von Stresshormonen, wie zum Beispiel Adrenalin[13]. Dieses Hormon erhöht unter anderem den Blutdruck und die Herzfrequenz. In Gefahrensituationen ist diese nicht bewusst zu kontrollierende Reaktion des Körpers sehr sinnvoll und ermöglicht uns zu kämpfen oder zu fliehen.

Für das ungeborene Baby, bei dem die Impulse ähnlich ablaufen, bedeutet das völliges Ausgeliefertsein. Eventuell ver-

---

13 Das Ungeborene erlebt die angenehmen und stressbringenden Hormone über sein gesamtes Körpersystem. Außerdem finden in der Schwangerschaft schon weitreichende Programmierungen für die Gesundheit und das spätere Stressverhalten statt.

bunden mit wildem Strampeln, ohne jedoch aus der Situation heraus zu kommen. Es sei denn, das Ungeborene löst eine Frühgeburt aus. Vielleicht ist das nicht die einzige Reaktionsmöglichkeit. Nach neueren Forschungen scheint es möglich zu sein, dass sich durch bestimmten Stress die Plazenta vergrößert: „Dagegen hatten Mütter, die von Stress durch belastende Lebensumstände während der Schwangerschaft berichteten, bei der Geburt des Kindes im Durchschnitt eine größere Plazenta."[14] Auch ein Wunder der Natur! Eventuell wird der Stresscocktail im System des Babys schneller abgebaut als bei der Mutter. Wir wissen, dass der Stoffwechsel von Ungeboren sehr beschleunigt ist. Bei erfüllendem Sex für die Mutter werden die entsprechenden Glückshormone ebenfalls auf das Kind im Mutterleib übertragen. Es kann darin baden und sich glücklich fühlen.

Die Prägungen in der Schwangerschaft können nach der Geburt im liebevollen Umgang mit dem Kind korrigiert werde. Die Regenerationsfähigkeit des Körpers und der Seele sind ebenfalls ein Wunder. Damit wurde und wird das Überleben der Menschen im Generationen-Strom gesichert.

## Geburt mit der Kraft von Mutter Erde

Meine Vision lauscht wieder dem Gesang von Ulahli während ihrer Schwangerschaft und bei der Geburt ihres ersten Kindes. Sie ist verbunden mit dem natürlichen Urvertrauen in ihre

---

14 Amrhein, Christine: Was Stress in der Schwangerschaft anrichtet. In: Bild der Wissenschaft. Stand: 4.1.2011. URL: www.wissenschaft.de/leben-umwelt/gesundheit/-/journal_content/56/12054/942052/Was-Stress-in-der-Schwangerschaft-anrichtet/ (abgerufen: 29.8.2017).

weibliche Kraft und in die Kraft von Mutter Erde. Während der Schwangerschaft sang Ulahli immer wieder ihr gemeinsames Lied. Dann fühlte sich das Kind verbunden und verwandt und so wunderbar angekommen, zu Hause im Bauch seiner Mutter. Manches Mal saßen die Eltern unter einem großen Baum und sangen mit den anderen aus dem Dorf zusammen. Und so lernten alle dieses neue Lied, welches für das neue Baby bestimmt war.

Die Geburt verlief dann sehr einfach. Als die Wehen einsetzten, ging Ulahli zu dem Geburtsplatz, der etwas außerhalb des Dorfes lag. Eine Freundin fragte, ob sie mitkommen solle. Doch Ulahli schüttelte den Kopf, und ihre vielen Zöpfe wirbelten durch die Luft. Sie fühlte sich klar und stark. Sie wollte dieses Erlebnis der Geburt ihres ersten Kindes alleine genießen. Als die Presswehen schnell hintereinander kamen, schob Ulahli einen großen Korb - der mit Baumwolle ausgepolstert war - neben den Geburtspfahl. Das ist eine Holzstange, die fest im Lehmboden verankert war. Vom Umfang her so dick, dass sie mit beiden Händen leicht umfasst werden kann. Ulahli ging über dem Korb in die Hocke und hielt sich an dem Pfahl gut fest. Dann presste sie einige Male und schon fiel das Baby in den weichen Korb. Es war ein Mädchen. Sie nahm es sofort an ihre Brust. Die Kleine trank zum ersten Mal die köstliche Milch, während Ulahli das gemeinsame Lied sang. Das Stillen verstärkte die Hormonausschüttung zum Zusammenziehen der Gebärmutter.[15] Als die Nabelschnur nicht mehr pulsierte, durchschnitt Ulahli sie mit einem scharfen Messer. Danach konnte Ulahli die Plazenta ausstoßen und in eine dafür vorgesehene Schüssel legen.

---

15 Wenn ein Baby an der Brust trinkt, schüttet die Mutter Prolaktin und Oxytocin aus. Häufiges Anlegen fördert nicht nur die Milchproduktion, sondern auch die rasche Rückbildung der Gebärmutter auf ihre ursprüngliche Größe.

Erst dann brachte sie das Kind ins Dorf und zeigte es stolz seinem Vater. Und sie sangen zusammen ihr Lied.

Am nächsten Tag feierte das gesamte Dorf die Geburt und die Namensgebung. Das Mädchen wurde nach Beratung mit einer alten, weisen Frau „Anisa" genannt. Sie vergruben die Plazenta und pflanzten einen Baobabbaum darüber, sangen das Lied und tanzten die gesamte Nacht.

Gäbe es noch Kriege auf der Welt, wenn alle Kinder so empfangen und geboren würden wie Anisa? Im Vertrauen zutiefst verbunden mit dem weiblichen Wissen über den eigenen Körper und seine natürlichen Vorgänge. Welch eine wünschenswerte Empfängnis-, Geburts- und Begrüßungsgeschichte.[16]

## Der zaghafte Weg zurück zu den Wurzeln

Leider sind heute viele Frauen in der westlichen Welt von den natürlichen Vorgängen ihres Körpers abgeschnitten. Sie haben häufig große Angst vor den Schmerzen und den „Gefahren" der Geburt. Wen wundert es da, dass Geburten dann tatsächlich als extrem schmerzhaft empfunden werden. Aus Angst und ohne medizinische Notwendigkeit, wird immer häufiger schon vorab ein Kaiserschnitt geplant. Gefördert von einer Krankenhausmaschinerie, die nach zunehmender Privatisierung häufig an Rendite orientiert ist. Eine ruhige und sanfte Atmosphäre für die Gebärende während des Geburtsprozesses anzubieten, benötigt deutlich mehr Personal.

---

16 Vgl. Geburt und Erziehung – Andere Länder, andere Sitten. In: kidsgo. Stand: 9.11.2017. URL: https://www.kidsgo.de/familie-muetter-13/geburt-und-erziehung-in-verschiedenen-laendern/ (abgerufen 19.6.2023)

Jedes dritte Kind in Deutschland kommt per Kaiserschnitt zur Welt. Aktuelle Zahlen zeigen, dass wir damit in Europa zu den Ländern an der Spitze gehören. Zudem schwankt die Häufigkeit der Kaiserschnitte von Klinik zu Klinik zwischen 13% und 61% in Deutschland. Dieses Ergebnis - laut Bundesregierung (Juni 2017) - erscheint nicht nachvollziehbar.[17] Vor allem weil in Fachkreisen diskutiert wird, dass nur einer von zehn Kaiserschnitten zwingend notwendig sei.[18]

Die horrend steigenden Berufsversicherungen für Hebammen befördern verständlicherweise die Tendenz, als Hebamme lediglich angestellt zu sein und den Ärztinnen und Ärzten die Verantwortung zu übertragen. Das führt zu Engpässen in der ambulanten Geburtshilfe. Selbst Frauen in Großstädten haben zum Teil Schwierigkeiten, freie Hebammen zu finden, die sie unterstützen, sanft zu Hause oder im Geburtshaus zu entbinden. Es gibt verschiedene Studien über Risikofaktoren. Die gleichen Untersuchungen werden von Anhängerinnen und Anhängern von Hausgeburten oder von Krankenhausgeburten gegensätzlich interpretiert, so dass sie keine wirkliche Hilfe darstellen. Werdenden Müttern die Verbindung zur eigenen Intuition und zum eigenen Körper zu ermöglichen, das ist der Weg, der individuell die stimmige Entscheidung finden lässt.

---

17 Vgl. Kaiserschnitt-Geburten (von 1991 von 15,3% auf 30,9% im Jahr 2021 kontinuierlich gestiegen). In: Statistisches Bundesamt. URL: https://www.destatis.de/DE/Themen/Gesellschaft-Umwelt/Gesundheit/Krankenhaeuser/Tabellen/krankenhausentbindungen-kaiserschnitt.html (abgerufen: 13.6.2023)

18 Vgl. Faktencheck Gesundheit: Faktencheck Kaiserschnitt - Frappierende Unterschiede innerhalb Deutschlands. URL: faktencheck-gesundheit.de/de/faktenchecks/kaiserschnitt/ergebnis-ueberblick/ (abgerufen: 27.8.2017)

Im deutschsprachigen Raum gibt es seit den achtziger Jahren zum Glück auch Bestrebungen, Geburten sanfter geschehen zu lassen, auch in Krankenhäusern. Obwohl gerade da noch viel Verbesserung notwendig scheint, um zu menschenwürdigem Gebären zu gelangen.

Frédéric Leboyer[19] hat dazu Wesentliches mit seinen Büchern wie „Der sanfte Weg ins Leben" oder „Geburt ohne Gewalt" beigetragen. Zu einer sanften Geburt gehören ein warmer und gemütlicher Entbindungsraum, vielleicht sogar die Geburt im warmen Wasser. Die nächsten Bezugspersonen können dabei sein. Ärztliche Eingriffe werden lediglich vorgenommen, wenn sie unabdingbar sind. Bei einer Geburt ohne Komplikationen wird das Neugeborene der Mutter sofort nackt auf den nackten Körper gelegt. Die Nabelschnur darf auspulsieren und wird erst dann durchtrennt. Das Kind darf sofort an der Brust trinken. Untersuchungen und Baden werden erst später durchgeführt. Danach wird das Neugeborene so häufig wie möglich am Körper gehalten und getragen.[20]

---

19 Vgl. Leboyer, Frédéric: Geburt ohne Gewalt, München 1995

20 Vgl. Liedloff, Jean: Auf der Suche nach dem verlorenen Glück, München 1980. Info und Leseprobe in URL: https://www.langelieder.de/lit-liedloff77.html

Vgl.a. The Liedloff Continuum Network in Deutschland. URL: https://continuum-concept.de/

Vgl.a. Schulz, Helen U.: Wie wirkt das Getragen-, Gehalten-, Gewiegt-werden auf das menschliche Wesen, wenn es diese Erfahrungen beim Wasser-Shiatsu erlebt? Stand: 1.7.1998. URL: www.sein.de/auf-der-suche-nach-dem-verlorenen-glueck/ (alle abgerufen: 27.8.2017)

# Jeder Mensch entspringt dem weiblichen Körper

## Der Schoss, aus dem wir kommen

Wenn Frauen sich mit ihrem Becken verbinden, indem sie zum Beispiel dorthin atmen, dann können sie in der Tiefe ihre weiblichen Geschlechtsorgane wahrnehmen. In dieser Erfahrung geht es um die Aufmerksamkeit, um das Erspüren, um die Achtung und die Wertschätzung eines jeden weiblichen Organs. Frauen werden eine weiche und kraftvolle Energie fühlen, wenn sie sich ganz in ihr Becken einsinken lassen.

Wesentlich für die eigene Selbstliebe ist es, dass Frauen ihre Sexualorgane annehmen. Wahrnehmbar als eine riesige Dimension des eigenen Selbstbildes, weit weg vom Funktionieren und Gebären-Müssen. Die Vernachlässigung, die Missachtung und Verwundung, also die vergessene Weiblichkeit, ist ein Symptom der Jahrtausende währenden männerdominierten Macht- und Gewaltstrukturen[21] gegen Frauen. Eingraviert nicht nur in jeden Frauenkörper, sondern auch in das kollektive Unbewusste.[22]

---

21 Vgl. AStA der Uni Freiburg: Zahlen und Fakten zur Gewalt gegen Frauen weltweit. In Amnesty Schweiz: Kampagne Stoppt Gewalt gegen Frauen. Stand: 2004. URL: www.u-asta.uni-freiburg.de/engagement/referate/genderreferat/gewalt (abgerufen: 27.8.2017)

22 Vgl. Sonnek, Birgit: C.G. Jung: Die Archetypen (Urbilder im kollektiven Unbewussten). Stand: März 2003. URL: www.schlüsseltexte-geist-und-gehirn.de/downloads/Archetypen.pdf (abgerufen: 29.8.2017).

C.G. Jung (1875-1961) war ein Schweizer Analytiker und Gründer der analytischen Psychologie (komplexe Psychologie) als Weiterentwicklung der Psychoanalyse.

Diese weibliche Kraft will von den Frauen wiederentdeckt werden, in jeder liebevollen Selbstannahme des eigenen Körpers und der gesamten eigenen Persönlichkeit, in jeder inspirierenden Erfahrung, jenseits von sexuellem oder reproduktivem Leistungsdruck.

Im Erspüren öffnet sich eine große Schatztruhe, in der es für jede Frau sehr viel zu entdecken gibt. Diese Erfahrungen fließen als Kraftströme in das gesamte kollektive Feld und stärken alle Frauen.

### Knospen der Fruchtbarkeit - die Eierstöcke (Ovarien)

Wir sind das pulsierende Leben! Wir spenden Leben! Wir sind total lebendig! Es tut uns nicht gut, wenn wir lediglich beachtet werden, wenn es um die Empfängnis geht. Wir sind ein sehr wichtiger Teil im weiblichen Organismus. Es ist an der Zeit, uns dauerhaft Beachtung zu schenken - als weibliches Organ, welches zum Wohl der Frauen beiträgt. In den Wechseljahren und im Alter, können wir, wenn ihr uns Aufmerksamkeit gebt, die Hormonproduktion anregen.

Hilfreich ist es, nach innen zu fühlen - zum Beispiel die Hände auf den unteren Bauch zu legen. Dann in Stille von innen zu den Eierstöcken hinzuspüren und tief ins Becken bis zum Beckenboden zu atmen.[23] Die Übungen sollen frei von Anstrengung sein, in einer zarten und stillen Atmosphäre und

---

23 Das können (Hormon)Yoga - oder Atemübungen sein.
Vgl. Ohlig, Adelheid: Luna-Yoga, der sanfte Weg zu Fruchtbarkeit und Lebenskraft, München 2012
Literaturübersicht in URL: luna-yoga.com/literatur/ (abgerufen:29.8.2017)

mit viel Zeit für die Wahrnehmung erfolgen. Dann wird frau eine größere Lebendigkeit spüren.

Die Botschaft der Eierstöcke ist klar und deutlich: Wir wollen liebevoll entdeckt werden!

## Höhle der Geborgenheit - die Gebärmutter[24]

Ich bin stark. Ich bin kraftvoll. Ich gebe Halt. Ich bin sanft. Ich bin geduldig. Ich nähre total gerne. Das ist meine Botschaft und mein Potential. In der Verbindung mit mir erleben Frauen ein wahres Kraftwerk. Ich bin ein starker Muskel, der tief im Becken einer Frau ruht. In der Schwangerschaft kann ich mich um ein Vielfaches ausdehnen. Ich biete dem Ungeborenen den größtmöglichen Schutz.

Es ist traurig, wenn ich lediglich in der Schwangerschaft oder bei der Regelblutung - meist negative, angstvolle - Aufmerksamkeit bekomme. Die Menstruation dient der Reinigung, bis hin zur Heilung.

Auch ich bin einfach zu spüren, wenn frau beide Hände über das Schambein legt und dahin atmet, das tut mir sehr, sehr gut. Dann kann eine starke Verbindung zwischen mir und der Frau entstehen.

---

24 Gebärmutter (Uterus) einschließlich Gebärmutterhals (Cervix)

## Kathedrale zum Empfang - die Scheide (Vagina)

Ich empfange gerne. Ich bin die Ruhe. Ich bin kraftvoll und zart. Wenn du dich in liebevollem Gefühl wirklich auf mich einlässt, dann kannst du bewusstseinserweiternde Erfahrungen erleben, weil ich mit etwas Großem und Tiefen verbunden bin. Genau so möchte ich auch von Frauen und Männern behandelt werden: respektvoll, achtsam, sanft und zärtlich.

Ich kann eng und verschlossen sein. Ich kann mich weiten, wenn frau erregt ist. Während einer Geburt werde ich noch dehnbarer. Die Schleimhaut, mit der ich ausgekleidet bin, ist sehr empfindsam. Deshalb ist es so wichtig, dass jegliches Eindringen in mich sehr vorsichtig und liebevoll geschieht. Jede Frau hat das Recht, sofort jegliche Aktivität zu beenden, wenn ich Schmerz melde.

Wenn du als Frau mich mit viel Zeit und Selbstliebe in meinem gesamten Umfang zu fühlen beginnst, dann kommst du in ein wirkliches Gefühl von Weiblichkeit, auch ohne Geschlechtsverkehr.

## Tropfen der Lust aus den Bartholinschen Drüsen[25]

Wir sind die Unterstützung für die Lust. Wir geben Feuchte und Geschmeidigkeit für zärtlichen, sanften und wilden Kon-

---

25 Glandula vestibularis major

takt. Beim Orgasmus[26] mit und natürlich auch ohne Ejakulation kannst du überschäumende, überschießende Lust empfinden. Wenn frau mit ihrer Weiblichkeit, ihrem Becken verbunden ist, dann explodiert ein Feuerwerk. Dann sprühen wir auf verschiedenen Ebenen. Das Ziel von Sex liegt nicht im Orgasmus, sondern in der generellen Präsenz und im Genuss, ohne Wertung und ohne Erwartung. Der Orgasmus ist dann ein Geschenk. Am erfüllendsten wird der Orgasmus erlebt, wenn er nicht mechanisch erzeugt wird, sondern in tiefer liebevoller Verbundenheit mit der eigenen Weiblichkeit in der Selbstbefriedigung oder auch mit einem anderen Menschen. Voraussetzung ist innere Entspannung und Hingabe. Dann können wir uns öffnen und sprudeln.

## Weibliche Ejakulation

Ejakulation wird häufig - auch heute noch - einzig den Männern zugeschrieben. Das war nicht immer so. Bereits in der Antike sollen der Naturphilosoph Aristoteles und der Mediziner Hippokrates davon berichtet haben, dass es zu Flüssigkeitsaustritten beim Orgasmus der Frau komme, die weder aus Urin, noch aus Sperma bestehen.[27]

---

[26] Was ist ein Orgasmus? Viele detaillierte Informationen befinden sich in dem folgenden Buch.
Vgl. Christinger, Doris, Schröter, Peter A.: Vom Nehmen und Genommen werden - Für eine neue Beziehungserotik, 4.Auflage, München 2012.

[27] Vgl. Weibliche Ejakulation: Das steckt hinter der Flüssigkeit. In: sixx-Stand: 3.5.2023. URL: https://www.sixx.de/themen/lust-liebe/news/weibliche-ejakulation-das-steckt-hinter-der-fluessigkeit-69888 (abgerufen: 13.6.2023).

In der wissenschaftlichen Neuzeit wussten weder Frauen noch Männer - bis auf wenige Ausnahmen - wirklich etwas über diese sehr befriedigende Fähigkeit, des sprühenden Herausbringens eines Sekrets beim weiblichen Orgasmus.

In einem Zeit-Online Artikel von 1993 wird unter dem ironischen Titel „Das Wasser der Liederlichkeit" berichtet, dass es bei „Gynäkologen und Sexualwissenschaftlern noch weit verbreiteter Irrglaube sei, dass eine weibliche Ejakulation gar nicht existiere."[28] Weiter ist aus dem Bericht zu entnehmen, dass in der Doktorarbeit von Sabine zur Nieden[29] ein Drittel bis die Hälfte aller Frauen angaben, dass sie eine weibliche Ejakulation kennen. Mittlerweile gibt es sehr viele Informationen dazu. Zum Teil mit dem Geschmack, die wirklich potente Frau habe auf jeden Fall eine Ejakulation zu produzieren. Sex ist kein Leistungssport. Druck jeglicher Art verhindert genau diese Art von tiefer Hingabe.

Verschiedene Artikel, unter anderem ein ausführlicher Artikel des Magazins „Stern" namens „Spuren der Liebe"[30] weisen auf die Stimulation der Klitoris hin, die wichtiger scheint, um zu einer weiblichen Ejakulation zu kommen, als die Stimulation des G-Punktes. Die Existenz dieses Punktes ist sowieso umstritten. Wenn wir die anatomische Lage der inneren Klitoris

---

28 Bolz, Annette: Wasser der Liederlichkeit. In: Zeit-Online. Stand: 27.8.2014. URL: www.zeit.de/1993/45/das-wasser-der-liederlichkeit (Bezahlschranke) (abgerufen: 29.8.2017).

29 Vgl. Zur Nieden, Dr., Sabine: Weibliche Ejakulation - Variationen zu einem uralten Streit der Geschlechter, 3. Auflage, Stuttgart 2009.
Weitere Informationen von der Ärztin, Sexualwissenschaftlerin und Autorin Dr. Sabine zur Nieden URL: zurnieden.media4art.de

30 Vgl. Garbrecht, Annette: Weibliche Ejakulation - Spuren der Liebe. In: Stern. URL: www.stern.de/gesundheit/sexualitaet/grundlagen/weibliche-ejakulation-spuren-der-liebe-3152148.html (abgerufen: 29.8.2017)

anschauen, ist es wahrscheinlich, dass es sich um Klitorisschwellkörper handelt. Da die innere Klitoris nicht bei jeder Frau genau gleich verläuft, ist dann auch das, was als G-Punkt bezeichnet wird, eben nicht eindeutig zu identifizieren.

Unbestritten ist, dass neben dem Grad der Erregung eine gestärkte Beckenboden-Muskulatur (insbesondere der Pubococcygeus-Muskel) eine entscheidende Rolle spielt, wenn auch Frauen „Spuren der Lust" in den Betten hinterlassen. Wobei das weibliche Ejakulat im Gegensatz zum männlichem weniger nachhaltige Flecken in der Bettwäsche verursacht. Das hat mit der unterschiedlichen Zusammensetzung der Ejakulate zu tun, wie wir mittlerweile immerhin wissen.

## Tessas Lusttropfen flirren in Sommerhitze

Die höchst sinnliche Komponente dieses Urlaubes - meine erste längere Reise mit Ernst - ist für mich am bedeutsamsten. Ich liebe es, die schönste und natürlichste Sache der Welt in der Natur zu tun. Dazu gibt es hier viele Gelegenheiten. An den Tagen, an denen wir kinderfrei haben, unternehmen wir lange Wanderungen, rasten an einsamen Buchten - baden, vögeln, baden, in den Himmel schauen, dem Meer zuhören, liebkosen, vögeln. Dann laufen wir eng umschlungen und manchmal singend weiter. Dieser Tag heute ist wieder ein ganz Besonderer! Ich freue mich, wie viel Vertrauen ich mittlerweile zu Ernst gewonnen habe, obwohl wir uns erst einige Monate kennen.

Wir liegen am Rand einer kleinen Bucht im Schatten eines wunderbar duftenden Pinienbaumes. Die Luft flirrt vor Hitze. Ein ausgiebiges Bad im angenehm temperierten Meer hat uns erfrischt. Wie gut, kein anderer Mensch weit und breit. Wir kuscheln uns nackt aneinander. Ernst liegt an meinem Rücken. Seine Hände umfassen meine Brüste, streicheln meinen Bauch. So mag ich es besonders gerne. In dieser Stellung fühle ich mich geborgen und kann mich besonders tief fallenlassen. Unsere noch kühlen Körper kribbeln leise vor Lust.

Die Geräusche der Wellen, die Gerüche des mediterranen Mittags, der warme Wind, der unsere Haut zusätzlich liebkost - ich kann mir gerade keinen schöneren Platz auf der Welt vorstellen. Wir liegen weiterhin dicht aneinander auf der Seite, die Lustpegel steigen. Ernst presst mich zärtlich haltend mit seinen großen Händen an sich. Als er anfängt, mich zu streicheln, sage ich: „Bitte warte einen Moment, ich will dies alles tief in mich aufnehmen". Er stoppt seine liebevollen Bewegungen und flüstert: „Ja Tessa, es ist so unglaublich mit dir hier, so etwas habe ich noch nie erlebt."

Wir atmen und saugen all das unerschöpflich Schöne mit jeder Pore auf. Nach einer langen Weile bewegt er sich mit seinem Zauberstab an meinem Rücken langsam hin und her, seine Finger spielen zärtlich zwischen meinen Beinen, entdeckend, erkundend immer näher zu meiner Lustknospe, sie dann sanft massierend. Seine Berührungen so wissend souverän, mit dem stimmigen Druck und dem passenden Rhythmus. Er ist ein Mann! Woher weiß er, was mir so wohl tut, was mich höher und höher in den Himmel trägt?

Und dann passiert, was ich mir noch nie mit einem Mann erlaubt habe. Ich ejakuliere. Mein Springbrunnen der Lust sprudelt, benetzt uns und hinterlässt feine Spuren im Sand. Ernst kommt ebenfalls in sanften Pulsationen. Ich fühle mich am Rand einer süßen Ohnmacht, aufgeweckt von den feinen postorgastischen Zuckungen meines Körpers und dem sanften Strömen, jetzt gerade ausgehend vom Zentrum meiner Lust bis in die Fersen, besonders in die rechte.

Ernst hält mich sehr fest. Sehr lange. Irgendwann, viel später, fragt er: „Tessa, was war das? Warst du so offen, dass du pinkeln musstest, während du gekommen bist? Aber es hat gar nicht so gerochen." Ich erzähle ihm, wie ich gelernt habe zu ejakulieren, manchmal weiter als die Männer. Mein Animus[31] fühlt sich stolz dabei, sicher auch verknüpft mit einer Portion Narzissmus. Ein erhabenes und überlegenes Gefühl, begründet in Erinnerungen der Unabhängigkeit. Entstanden aus Jahren des Alleinseins, am Anfang oft verbunden mit leidvoller Einsamkeit. Auf der anderen Seite könnte das Streben nach Vollkommenheit, das in jedem Wesen steckt, den positiven Hintergrund für meinen freudigen Stolz bilden. Ich als Frau, selig beglückt, mag die besonders schmelzende Entspannung, die mit diesem Ereignis einhergeht.

## Lustfördernde Übungen - Annas Entdeckung

Tessa hat einiges über die Tipps zum Training des Beckenbodens von unserer gemeinsamen Freundin Anna zu berichten: Anna kümmert sich erfreulicherweise nicht nur um mein seelisches Wohl, sondern versorgt mich auch immer wieder mit Anregungen durch die neuesten und oft auch sehr spannenden Körperübungen. In diesem Fall habe ich wirklich ganz besonders profitiert.

Vor einigen Jahren kam Anna eines Tages, ziemlich begeistert, mit einem Buch an: „Du Tessa, das müssen wir ausprobie-

---

31 Animus ist ein archetypischer Begriff aus der Psychologie von C.G. Jung. Er bezeichnet den männlichen, meist unbewussten Anteil in einer Frau.

ren. In diesem Buch von Eggetsberger[32] aus Wien, einem Biochemiker, da stehen die richtig guten Übungen drin. Du sollst jeden Tag einige alte keltische Übungen machen und dann eine Meditation, wobei du in unterschiedlicher Art und Weise deinen Beckenboden anzuspannen lernst. Das soll die Lebens- und Sexualenergie enorm steigern, und vor allem hat Eggetsberger mit Biofeedback überprüft und festgestellt, dass es funktioniert. Diese Übungen scheinen wirklich eine gute Verbindung von altem und neuem Wissen zu sein."

Traditionelle Methoden aus allen Kulturen mit moderner Wissenschaft zu verbinden, das ist Annas Steckenpferd. Ich liebe sie für ihre Begeisterungsfähigkeit. Sie bringt damit immer wieder große Bereicherung in mein Leben.

Wir fingen an zu üben. Morgens und abends ungefähr 30 Minuten. Morgens war für mich nicht so schwierig, abends war ich oft ziemlich müde und brachte manchmal nicht die nötige Disziplin auf. Ich fühlte jedoch, wie ich mich insgesamt, auch nach längerer Schreibtischarbeit, besser entspannen konnte und weniger Nackenschmerzen hatte.

## Selbstbefriedigung - Tessa erzählt mehr

Zwischendurch war ich unsicher, ob das nun wirklich die richtigen Übungen für mich waren, denn ich wollte nicht unbedingt meine sexuellen Gelüste steigern. Ich war gerade solo und ich war froh, dass ich nach den Wechseljahren keinen so

---

32 Vgl. Eggetsberger, Gerhard H.: Power für den ganzen Tag - Sieben Übungen zur Steigerung der Lebensenergie, München 1997.
Freier Download des Buches als pdf.Datei in URL: https://eggetsberger.net/FOR/powerbuch.pdf

großen sexuellen Druck mehr hatte. Doch Anna meinte, beim Onanieren einen intensiveren Orgasmus zu haben, sei doch auch nicht zu verachten. Und außerdem könne ich ja lernen, wie ich die Sexualenergie in Lebensenergie umwandeln könne. Da hatte sie allerdings recht, das steht tatsächlich auch in dem Buch.

Trotz prüdem Elternhaus habe ich es schon als Mädchen sehr gemocht, mich selbst zu befriedigen. An buntestem Vorstellungsvermögen mangelte es mir dabei nie. Onanieren hat viele Vorteile: sexuelle Entspannung ist unabhängig von einem Partner möglich; keiner setzt meine erotischen Fantasien dilettantisch um, riecht schlecht oder redet unromantisches Zeug in zärtlichen Situationen, oder, oder, oder.... Der große Nachteil in meiner Jugend war, dass meine Fantasien oft viel befriedigender waren, als die schnöde Realität. Ich war also nach Begegnungen mit Männern fast immer enttäuscht.

Als ich älter wurde und besonders jetzt mit Ernst, hat sich das zum Glück deutlich verändert und ich genieße mit ihm diese verbundene Sexualität wie nie zuvor in meinem Leben. Manche sagen ja, das liege am „Kuschelhormon" Oxytocin. Doch ich habe letztens einen Zeitungsartikel gelesen, wonach ich mir nicht mehr sicher bin, ob ich es gut finde, wenn viel Oxytocin ausgeschüttet wird.[33] Nach verschiedenen Studien macht Oxytocin nicht nur freundlich, monogam und angstfrei sondern auch neidisch, unachtsam und vertrauensselig. Ehrlich gesagt, eigentlich ist mir das auch egal. Ich kenne meinen Körper mittlerweile gut und meistens mag ich ihn auch sehr gerne. Sex mit mir alleine erlebe ich als befriedigend. Und ich

---

[33] Vgl. Stein, Annett: Die dunklen Seiten des Kuschelhormons Oxytocin. Stand: 20.7.2014. In: Welt N24. URL: www.welt.de/gesundheit/psychologie/article130360396/Die-dunklen-Seiten-des-Kuschelhormons-Oxytocin.html (abgerufen: 29.8.2017)

habe lange in verschiedenen Psychotherapien an mir gearbeitet, um mich besser zu verstehen und mich so anzunehmen, wie ich bin, mit den angenehmen Seiten und vor allem auch mit den Schattenseiten. Das hat dazu beigetragen, dass ich mich einem Mann mittlerweile so offen und frei hingeben kann.

## Plötzlich sprudelt es und Tessa freut sich

Die von Anna angeschleppten Übungen steigerten meinen sexuellen Genuss um einiges. Als ich nach ungefähr einem halben Jahr Training wieder onanierte, öffnete sich während meines Orgasmus eine Schleuse in mir und eine große Menge Flüssigkeit drängte aus mir heraus. Alles war nass. Ich war ziemlich erschrocken und dachte, dass ich ins Bett gepinkelt hätte. Gleichzeitig fühlte ich mich sehr tief entspannt. Ich wechselte die Bettwäsche und schlief nachdenklich ein.

Am nächsten Morgen erwischte ich Anna, noch bevor sie in ihre Praxis ging. Sie war ganz begeistert, als sie von meinem nächtlichen Erlebnis hörte: „Tessa, das ist der Beweis, wie gut diese Übungen funktionieren. Du hattest eine weibliche Ejakulation." Davon hatte ich bis jetzt gerade noch nie etwas gehört. Davon hatten wir auch nicht gesprochen, als wir mit dem Üben anfingen. In dem Buch steht auch nichts von weiblicher Ejakulation, sondern nur, dass die Übungen bei Erektionsproblemen der Männer helfen können.

Anna war also wieder, wie so oft, in Sachen medizinischer Nachhilfe gefragt. Sie erklärte in ihrer typischen Art, ohne kühlen Medizinerjargon, jedoch mit faktisch klarer Sprache, weiter: „Also damit unsere Mösen innen schön feucht sind, gibt es zwei kleine Drüsen, die im unteren Drittel der großen Schamlippen münden. Sie heißen Bartholin-Drüsen und sondern ein Sekret ab, das durchsichtig ist und ganz leicht nach Nüssen riecht. Manche Frauen sind feuchter als andere, dieses Sekret sammelt sich in den Drüsen."

Ich glaube, ich bin ein sehr feuchter Typ. Meine Möse ist immer feucht, auch wenn ich nicht erregt bin. Anna fuhr fort: „Bei einem besonders intensiven Orgasmus kann es passieren, dass die Entspannung so tief ist, dass diese Schleimhautdrüsen sich öffnen und das Sekret durch die Zuckungen deines Orgasmus richtiggehend nach außen geschleudert wird. Wenn auch nicht aus den gleichen Kanälen stammend wie beim Mann, trotzdem vom Gefühl her vergleichbar mit seiner Ejakulation, manchmal jedoch mit deutlich mehr Flüssigkeit, vor allem wenn du nicht so häufig Sex hattest und genug getrunken hast." Wie gut, eine so kluge und offene Freundin zu haben.

Ich mache diese Übungen schon lange nicht mehr regelmäßig, trainiere jedoch ab und zu noch meinen Beckenboden (Beckenboden-Muskulatur anspannen, als ob der Harndrang zurück gehalten wird). Das ist auch eine gute Vorbeugung gegen Inkontinenz. Für Frauen wie mich - schon in der Menopause - sehr hilfreich UND vor allem so lustfördernd! Fortan hatte ich, nicht bei jedem Orgasmus beim Onanieren, jedoch immer wieder, diese befriedigenden Ergüsse.

Seit ich Ernst kenne, gibt es weniger Impulse, mich selbst zu befriedigen. Die ruhige Tiefe mit ihm hat mich bis in jede Faser meines Seins ausgefüllt und entspannt. Ich habe mir keine Gedanken mehr über weibliche Ejakulationen gemacht. Und jetzt gerade hatte ich dieses besondere Erlebnis zum ersten Mal mit einem Mann. Nachdem ich ihm das alles erzählt habe, fühlt er sich sichtlich geehrt über das große Vertrauen, das ich ihm entgegenbringe, dass es mir möglich ist, mich mit ihm so tief zu öffnen. Ernst sagt zärtlich: „Danke Tessa, du hast mir gerade ein großes Geschenk gemacht. Du bist für mich die spannendste Frau, die mir je begegnet ist - so viele Überraschungen. Das habe ich mir noch nicht einmal erträumen können, weil ich um so vieles überhaupt nicht wusste."

## Die duftende Rose[34] - Venuslippen und Kitzler

Wir sind sehr weich und sehr zart und wir wurden in den letzten Jahrtausenden so häufig verwundet und missbraucht. Unter vielen anderen Gräueltaten, die Frauen weltweit aus fanatischer Tradition und zur sexuellen Kontrolle angetan wurden und werden, sind laut Unicef 140 Millionen Frauen und Mädchen von weiblicher Genitalverstümmelung betroffen.[35] „Alle elf Sekunden werden einem weiteren Mädchen meist ohne Narkose und unter unhygienischen Bedingungen Teile der äußeren Genitalien entfernt. Neben der Amputation der Klitoris (Klitoridektomie) werden häufig die inneren Schamlippen ganz oder teilweise abgetrennt (Exzision). In 15 Prozent aller

---

34 Als Vulva werden die äußeren primären Geschlechtsorgane der Frau, bestehend aus Venushügel, Schamlippen und Kitzler (Clitoris) bezeichnet. Die Schamlippen setzen sich aus den äußeren großen Schamlippen (Labia majora pudendi) und den inneren kleinen Schamlippen (Labia minora pudendi) zusammen.

35 Vgl. TERRE DES FEMMES: Weibliche Genitalverstümmelung: Zahl der Betroffenen und Gefährdeten in Deutschland steigt drastisch. In: frauenrechte.de. Stand: 17.6.2016. URL: frauenrechte.de/online/index.php/themen-und-aktionen/weibliche-genitalverstuemmelung2/aktuelles/2091-weibliche-genitalverstuemmelung-zahl-der-betroffenen-und-gefaehrdeten-in-deutschland-steigt-drastisch (abgerufen: 29.8.2017)

Fälle werden zudem die großen Schamlippen ausgeschabt. Die verbleibende Haut wird dann bis auf eine winzige Öffnung zugenäht (Infibulation)."[36]

Unter anderem deshalb brauchen wir besonders sanfte und liebevolle Aufmerksamkeit, um zu beginnen, den weltweiten riesigen Schmerz zu heilen. Wir wollen auf allen Ebenen sanft angeschaut und angenommen werden. Wir fordern alle Frauen und Männer auf, mit uns sehr, sehr liebevoll zu sein. Diese Vibration kann in die Welt getragen werden, damit heilende Energien eine Chance haben.

Durch mich (die Klitoris) kann frau sich in ihrer süßen Lust erfahren. Wenn frau zulässt, mich zu spüren, dann bereiten wir euch Frauen die schönsten Wonnen. Diesen wunderbaren Schatz mit einem Mann zu teilen, ist ein großes Geschenk, auch an ihn.

## Die Klitoris - das geheimnisvolle Lustorgan der Frau

Würdest du eine schematische Zeichnung einer Klitoris erkennen? Wahrscheinlich nicht. Bei Umfragen hat sich gezeigt, dass auch die meisten Frauen das Bild ihres wunderbaren Lustorganes nicht identifizieren können. Dabei sieht es so schön aus, wie ein umgedrehter Blütenkelch mit einem Stengel nach oben, zwei äußeren länglichen und zwei inneren etwas runderen Blütenblättern.

---

[36] TERRE DES FEMMES: Gemeinsam gegen Genitalverstümmelung - Nein zu Gewalt an Mädchen und Frauen. In: frauenrechte.de. Flyer S. 2.. URL: frauenrechte.de/online/images/downloads/fgm/2011_Flyer_FGM-mS.pdf (abgerufen: 29.8.2017)

Die Klitoris wurde lange als unvollständiger Penis diskreditiert, lediglich die erbsengroße, unterhalb des Venushügels sichtbare Klitoriseichel wurde wahrgenommen. Michael Onfray schreibt in seinem Buch „Anti Freud - die Psychoanalyse wird entzaubert" sehr deutlich, womit Frauen in der hundertjährigen Geschichte der Psychoanalyse gründlich missinterpretiert wurden. Und so die Unterdrückung der Frau weiter legitimiert wurde. Onfray beschreibt Freud als einen „Phallokraten" für den der Phallus ein besonders wichtiges Symbol darstellte. Geschuldet der Prüderie seiner Zeit, bezeichnete Freud die Sexualität einer erwachsenen Frau als einen „dunklen Kontinent". Weiterhin geht er davon aus, dass ein Mädchen wegen des fehlenden Penis große Minderwertigkeit empfinde (Penisneid).[37]

Die anatomischen Kenntnisse, dass die Frau unter einem fehlenden Glied nicht leidet, sondern mit einer lustvollen Klitoris gesegnet ist, fehlten Sigmund Freud[38]. Wahrscheinlich konnte er sich eine sexuell potente Frau aufgrund seines Menschenbildes, wo der Penis als Richtmaß für sein Sexualleben stand, leider nicht vorstellen. Wenn ich mir die Unkenntnis und Ignoranz von Freud verdeutliche, dann ist zu erahnen, dass eine erwachsene Frau für ihn tatsächlich einen dunklen Kontinent (dark continent) darstellte, vor dem er als Mann Angst haben konnte.

---

37 Vgl. Onfray, Michael: Anti Freud - die Psychoanalyse wird entzaubert, München 2011. Bezug: https://www.medimops.de/michel-onfray-anti-freud-die-psychoanalyse-wird-entzaubert-gebundene-ausgabe-M03813504085.html (abgerufen: 29.8.2017)

38 Vgl. Brühlmeier, Dr., Arthur: Die Psychoanalyse Sigmund Freuds. Stand:31.1.1995. URL: www.bruehlmeier.info/freud.htm (abgerufen: 29.8.2017)

Die australische Urologin Helen O'Connell beschrieb Ende des letzten Jahrhunderts erstmals die Klitoris in ihrer vollen inneren und äußeren Größe. Sie besteht aus einem komplexen System aus feinen Nervenbahnen und Schwellkörpern. Die bis zu zehn Zentimeter langen Schenkel reichen tief ins Innere des Körpers der Frau. Die beiden zwiebelförmigen Schwellkörper schmiegen sich teilweise an die Vorderwand der Scheide an. Bei Erregung füllen sie sich mit Blut zu einer Klitoriserektion.[39]

---

[39] Vgl.: Sehr lohnende Dokumentation: Vgl. Hover, David: Klitoris, die schöne Unbekannte. In: YouTube. Erstausstrahlung Frankreich 2002/2003, bei Arte Deutschland 2011. URL: https://www.youtube.com/watch?v=JxH-Xu7233PM (alle abgerufen: 29.8.2017).

## Die Rose (Marian Klapp[40])

Du wunderbare Rose wächst
gar zierlich, filigran,
dein Duft erschließt ein Universum,
er hat's mir angetan:

So weit, so süß, ich –
möcht' mich betten, in –
einem Meer aus dir;
mich tragen lassen,
deine Blätter
bilden meine Zier.

Deine Dornen stör'n mich nicht,
sie fordern Zärtlichkeit.
Noch einmal atme ich tief ein,
spür dich,
Unendlichkeit.

---

40 Klapp, Marian, Jg. 1988, Psychologe und Musiker, verheiratet, Vater von drei Kindern, lebt und arbeitet in Preetz.
Marian Klapp hat das bisher unveröffentlichtes Gedicht für dieses Buch geschrieben: Die Rose, Braunschweig 2016

## Knospen der Lust und Nahrung - die Brüste

Wir sind weich und rund und zart, mal groß, mal klein, so verschieden wie Frauen verschieden sind. Wir spenden Lust und Nahrung. Wir freuen uns über zarte und achtungsvolle Berührung. Wir wollen die Form haben dürfen, die wir eben haben und die bei jeder Frau besonders und einmalig ist. Diese uns angeborene Form wollen wir behalten. Wir wollen nicht, dass wir durch chirurgische Eingriffe verändert werden.[41]

Wenn frau erregt ist, dann knospen unsere Spitzen steif, sehr empfindsam und voller Lust.

Nachdem eine Frau geboren hat, fließen wir über mit der besten Nahrung, die es für ein kleines Kind gibt. Die Zusammensetzung der Milch ist perfekt. Obwohl in den letzten Jahrzehnten immer wieder von Giftbelastungen der Muttermilch durch Umwelteinflüsse berichtet wird, empfehlen und fördern viele weiter das Stillen. Günstig ist auf jeden Fall, dass die stillende Frau sich möglichst giftfrei ernährt, möglichst nicht geimpft ist und evtl. die Muttermilch auf Schadstoffe untersuchen lässt.

„Die Hersteller von Babyfertignahrung setzen jährlich Milliarden um. In diesem Geschäft geht es um viel Geld, jedoch leider nicht um die Gesundheit der Kinder. Obwohl das Stillen einen außergewöhnlichen Nutzen für die Säuglinge und auch für die Mütter hat, wird es untergraben. Und obwohl wissen-

---

41 „Über 1500 so genannte ‚Schönheitschirurgen' gibt es in Deutschland. Ließen sich 1990 ca. 190.000 ästhetische Eingriffe verzeichnen, so war die Zahl 1999 bereits auf über 800.000 angewachsen, und man braucht kein Prophet zu sein, um derzeit ein Ansteigen auf weit über eine Million Eingriffe zu prognostizieren". Zitat aus: Schönheit und Medizin: Die Ästhetische Chirurgie boomt. In: Miomedia GmbH Stand: 29.07.2015. URL: www.schoenheit-und-medizin.de/news/statistik/statistik-aesthetische-chirurgie.html (abgerufen: 29.8.2017)

schaftliche Studien die Überlegenheit der Muttermilch eindeutig belegen, wird das Füttern der Babys mit der Flasche immer mehr zur Normalität."[42] Diese lebenszerstörenden Tricksereien durch die kostenlose Verteilung von Milchersatzprodukten in den Armenhäusern dieser Welt zeigen, mit welchen zynischen Verbrechen Großkonzerne (allen voran Nestlé) heute weiter operieren, obwohl dieser Skandal schon seit den siebziger Jahren bekannt ist.[43]

## Brustkrebsvorsorge - das Geschäft mit den Ängsten

Es gibt verschiedene Möglichkeiten zur Vorsorge von Brustkrebs. Die Selbstverantwortlichste ist das Abtasten der eigenen Brust.[44] Als weitere Möglichkeit bietet die Frauenärztin oder der Frauenarzt ab dem 30. Lebensjahr das Abtasten der Brust im Rahmen einer jährlichen Vorsorgeuntersuchung an. Falls etwas Auffälliges (Knoten oder sonstige Veränderungen) gefunden werden, ist eine Ultraschalluntersuchung (ohne Strahlenbelastung) möglich.

---

42 Baumslag, Dr., Naomi: Babynahrung - Die miesen Tricks. In: Zentrum der Gesundheit. Stand: 11.01.2017. URL: https://www.zentrum-der-gesundheit.de/babynahrung.html (abgerufen: 29.8.2017)

43 Vgl. Kagermeier, Elisabeth: Schwere Vorwürfe gegen Nestlé im ARD Markencheck: „Das sind Babymilch-Dealer". In: Focus. Stand: 28.9.2015. URL: https://www.focus.de/finanzen/boerse/schwere-vorwuerfe-nestle-im-markencheck-das-sind-babymilch-dealer_id_4977867.html (abgerufen: 29.8.2017)

44 Brust der Frau: lat. Mamma, Pl. Mammae. Sie wird zu den sekundären Geschlechtsmerkmalen der Frau gezählt.

Umstritten ist die Mammografie (Brustkrebsscreening mit Röntgenstrahlen und dementsprechender Strahlenbelastung), die flächendeckend seit 2005 mit großem Aufwand für Frauen zwischen fünfzig bis neunundsechzig Jahren eingeführt wurde.[45] Laut nationalem Netzwerk Frauen und Gesundheit scheinen die Aussagefähigkeit der Mammografie und eine eventuelle Lebensverlängerung durch sie sehr fragwürdig: „Die Früherkennung hat nur dann einen Vorteil, wenn eine frühzeitige Therapie den Tod durch Brustkrebs verhindern kann. Doch durch die Früherkennungsmammografie werden nach heutigem Kenntnisstand überwiegend Brustkrebsformen erkannt, die häufig keinen schlechteren Krankheitsverlauf gehabt hätten, wenn sie erst später festgestellt worden wären. Dagegen werden besonders bösartige Krebsformen auch durch die Mammografie oftmals nicht rechtzeitig genug erkannt, um den Tod abwenden zu können. Nur der Diagnose-Zeitpunkt wird vorverlegt und damit die Zeitspanne, in der die Frau als Brustkrebspatientin lebt, verlängert."[46]

Die Frauen leben also trotz Mammografie nicht länger, lediglich ihr Leidensweg als Brustkrebserkrankte verlängert sich um drei Jahre. Jede vierte bis fünfte Frau erhält mindestens einmal einen falschen Befund. Das bedeutet, dass bei etwa 60 von 1000 Frauen eine Gewebeprobe entnommen wird, um den Befund abzuklären.[47]

---

45 Zynisch impliziert das für mich, dass im üblichen Gesundheitsgeschäft die über Siebzigjährigen nicht mehr vorsorgewürdig sind.

46 Schindele, Dr., Eva: Brustkrebs Früherkennung - Informationen zur Mammografie - Eine Entscheidungshilfe. In: Nationales Netzwerk Frauen und Gesundheit (Hg.). Stand: 3. Auflage 2005, S.19. URL: www.nationales-netzwerk-frauengesundheit.de/downloads/mammografiedruck3.pdf (abgerufen: 28.8.2017)

47 Vgl. ebd., S. 28 (abgerufen: 28.8.2017)

EINZIG BEI FRAUEN, DIE VERWANDTE ERSTEN GRADES MIT EINER BRUSTKREBSDIAGNOSE HATTEN ODER HABEN, MACHT EINE MAMMOGRAFIE STATISTISCH NACHWEISLICH EINEN SINN.

Wozu also der riesige sinnlose Aufwand? Auch die Süddeutsche Zeitung schreibt 2015 vom lukrativen Geschäft mit der Brustkrebsvorsorge.[48] Eine Diagnosemaßnahme von vielen, die hauptsächlich aus Geschäftemacherei des Medizinsystems und nicht aus sinnvoller Therapierelevanz stattfindet.[49]

---

48 Vgl. Wiegand, Ralf, Berndt, Christina: Pfusch bei Mammografie-Screenings - Das lukrative Geschäft mit der Brustkrebsvorsorge. In: Süddeutsche Zeitung. Stand: 15.5.2015. URL: www.sueddeutsche.de/gesundheit/pfusch-bei-mammografie-screenings-das-lukrative-geschaeft-mit-der-brustkrebsvorsorge-1.1964514 (abgerufen: 28.8.2017)

49 Vgl. Rögener, Wiebke: Supermarkt-Medizin - Bedenklicher Blick ins Blut. In: Spiegel Online. Stand: 3.3.2007. URL: www.spiegel.de/wissenschaft/mensch/supermarkt-medizin-bedenklicher-blick-ins-blut-a-469436.html (abgerufen: 29.8.2017)

# Matriarchat und Patriarchat

## Als die Welt noch in Frieden war

Jedes Leben auf der Welt entspringt dem weiblichen Körper, sagen die Khasi aus Nordindien.[50] Eine der wenigen matriarchalen Kulturen, die die patriarchale Vernichtungsmaschinerie der letzten Jahrtausende überlebt haben.

Ich träume mich in eine Zeit vor vielen tausenden von Jahren vor unserer Zeitrechnung zurück: Ich sitze am Fluss und wasche. Meine Enkelinnen und Enkel spielen am Ufer. Es sind viele, geboren von meinen fünf Töchtern. Die Kinder meiner drei Söhne leben in der Familie ihrer Mütter. Für uns ist es nicht so wichtig, wer der Vater eines Kindes ist. Es reicht zu wissen, wer die Mutter ist. Die Väter, wenn bekannt, kommen zu Besuch. Die Brüder der Mütter übernehmen für ihre Nichten und Neffen viel Verantwortung und stehen den Kindern näher als die leiblichen Väter.

Wir Frauen leben Sexualität mit verschiedenen Männern, manches Mal mit mehreren gleichzeitig. Das ist erfüllend, weil unsere Lust an der Begegnung zwischen Frau und Mann der Ausdruck unserer Freude am Leben ist. Ich hatte ein erfülltes Leben mit vielen Männern. Heute gibt es einen Gefährten, der in seiner Familie lebt. Mit ihm treffe ich mich regelmäßig nach getaner Arbeit am Abend. Er versüßt mir mein Leben jetzt im Alter und unterstützt mich bei meinen Aufgaben als Matriarchin.

---

50 Vgl. Spatz-Zöllner,Erla, Khasi, Frauen leben frei und selbstbestimmt. In: Arbeitskreis Frauengeschichte. Stand: 5/2015. URL: https://frauengeschichte.forschendes-lernen.de/khasi/ (abgerufen: 13.6.2023)

Die Verantwortung für meine große Familie zu tragen, das ist nicht immer einfach. Wir leben von dem, was wir sammeln und anbauen. In manchen Jahren ist es schwierig, die Lebensmittel so zu verwalten und aufzubereiten, dass es für meine dreißig-köpfige Familie auch im Winter reicht. Göttin sei Dank, habe ich es in all den Jahren geschafft und niemand meiner Kinder oder Enkel ist an Hunger gestorben. Zum Glück hatte meine Mutter ein sehr großes Wissen über all die Schätze im Wald. Sie hat es an mich weiter gegeben und ich gebe es an meine Töchter weiter.

Auf heute Abend freue ich mich sehr. Wir feiern ein großes Fest zu Ehren der Göttin, der wir für dieses gute Jahr dankbar sind. Viele aus der Gegend kommen. Wir singen und scherzen und essen und tanzen. Viele lustvolle Begegnungen werden in dieser wunderbaren Nacht entstehen.

Ich fühle mich trotz meines Alters vital und innerlich sehr jung und voller Lebensfreude. Wenn ich irgendwann sterbe, dann wird meine älteste Tochter die Verantwortung für unsere Familie übernehmen, den Besitz verwalten und sich um alles Notwendige kümmern. Ich habe sie gut vorbereitet auf diese Aufgabe.

„Matriarchat ist eine Gesellschaftsform, die sich von[...] anderen[...] dadurch unterscheidet, dass sie keine Herrschaftsstrukturen und keine institutionalisierten Hierarchien aufweist (Akephalie). Ein Matriarchat wird daher auch als ‚Regulierte Anarchie'[...], als egalitäre Konsensdemokratie'[...] bezeichnet. Die Produktionsmittel gehören der Gemeinschaft und im ökonomischen Bereich verhindert ein Regelsystem, die Akkumulation von Besitz oder Macht. [...] Entscheidungen trifft die Gemeinschaft in allen Bereichen per Konsens, wobei Geschlechter und Generationen gleichgestellt sind."[51] Fälschlicherweise wird in der patriarchalen Ethnologie das Matriarchat mit „Frauenherrschaft" gleichgesetzt. Dazu sagt Dr. Heide Göttner-Abendroth, die Begründerin der modernen Matriarchatsforschung: „Matriarchate stärken die Stellung der Frau. Wenn die stark ist, heißt das aber nicht, dass die Stellung des Mannes schwach sein muss. Ich bezeichne Matriarchate als Gesellschaften in Balance."[52] Gesellschaftssysteme in Balance sind auf allen Ebenen Garant für ein friedvolles und glückliches Leben.

## Die Vertreibung aus dem Paradies

Die weltweite Verbreitung der Matriarchate, in der Gewalt und Unterdrückung selten vorkamen, endete, als sich im Nahen Osten, Nordafrika und Zentralasien durch klimatische Veränderungen ein Wüstengürtel bildete (6000 bis 4000 Jahre

---

51 Übersicht über noch heute bestehende Matriarchate:
Vgl. Fuchs, Steffen: Das Matriarchat - Die Gesellschaftsform des Mutterrechtes - Matriarchate der Welt. In: Matriarchate (Archiv). Stand: 7.10.2014. URL: dasmatriarchat.wordpress.com/category/matriachte/ (abgerufen: 29.8.2017)

52 Göttner-Abendroth, Dr.,Heide: Wie lebt es sich im Matriarchat? Frauenherrschaft? Das ist Unfug! In: n-tv. Stand: 12. 8 2011. URL: www.n-tv.de/wissen/Frauenherrschaft-Das-ist-Unfug-article3974511.html

Vgl.a. Göttner-Abendroth, Dr., Heide: Matriarchat heute und morgen. In: YouTube. Stand: 15.4.2016. URL: www.youtube.com/watch?v=ApcRpKSFta4 (alle abgerufen:29.8.2017)

vor unserer Zeitrechnung). Das besagt die Theorie von James DeMeo. Er nennt diese Zone Saharasia[53].

Andere Paläo-Klimatologen datieren die Veränderungen der Gesellschaftsstrukturen früher, zum Ende der letzten Eiszeit (circa 10.000 Jahre vor unserer Zeitrechnung) und zwar als die Menschen sesshaft wurden und Güter horten konnten. Wahrscheinlich liefen beide Prozesse in unterschiedlichen Regionen parallel ab. Hunger und Mangel einerseits und anderseits die Möglichkeit, Reichtum anzuhäufen, zerstörten die matriarchalen Strukturen mit ihrem balancierten sozialen Gefüge und förderten so das Patriarchat mit all seinen destruktiven Formen.

Bernd Senf beschreibt einen der Gründe zu der Verbindung von Patriarchat und Sexualeinschränkung: „Unter dem Druck frühkindlicher, kindlicher und jugendlicher Sexualunterdrückung großgeworden, funktionieren die Menschen als Erwachsene, beherrscht von unbewußten Ängsten und Schuldgefühlen, als wären sie ihre eigene Sittenpolizei. An die Stelle offener Gewalt bei Tabuverletzung ist auf diese Weise mehr und mehr die strukturelle Gewalt getreten, die verinnerlichte Gewalt der starr gewordenen Charakterstruktur, des Charakter- und Körperpanzers, der die Erwachsenen weitgehend davon abhält, unbeschwert und voller Lust und Lebensfreude

---

53 Vgl. DeMeo, James: Die Entstehung und Ausbreitung des Patrismus vor ca. 6000 Jahren: die Saharasia-These. In: Emotion 10. Stand: 1991. URL: www.orgonelab.org/saharasia_de.htm (abgerufen: 29.8.2017)

J. DeMeo ist ein Geograph, der sich auf Grundlage der Arbeiten von Wilhelm Reich mit der Entstehung von Wüsten (Saharasia) und der daraus folgenden gesellschaftlichen Veränderungen (Verhärtung des Charakters) auseinandersetzt und empirische Forschungen betreibt.

ihre Sexualität zu leben."[54] Die Zuspitzung der Brutalität im Patriarchat von heute, das fühlen, sehen oder wissen wir, wenn wir wollen: Kindersterblichkeit, Hunger, (sexuelle) Gewalt - besonders gegen Frauen und Kinder -, Sexismus[55], Kriege, Umweltvergiftung und eine entfesselte Konsumdiktatur der multinationalen Großkonzerne (inklusive Rüstungsbranche) sowie des Finanzwesens. Wo wirklich alles, Mensch, Tier, Natur, zur Rendite bringenden Ware wird. Die Reichen immer reicher und die Armen immer ärmer werden.[56]

Wie auch Mahatma Gandhi bin ich felsenfest überzeugt, dass die Welt für jedes Menschen Bedürfnisse genug bereit hält! Jedoch nicht genug für die Gier der Menschen![57]

---

54 Senf, Bernd: Die Wiederentdeckung des Lebendigen, 2.Auflage, Frankfurt am Main 1997, S. 248.
Vgl.a. weitere Informationen von Bernd Senf: URL: www.berndsenf.de

55 Vgl. Wizorek, Anne: Weil ein Aufschrei nicht reicht, Frankfurt am Main o.J.. Leseprobe und weitere Informationen: URL: www.fischerverlage.de/buch/weil_ein_aufschrei_nicht_reicht/9783596030668

Vgl.a. Wizorek, Anne: Sexismus ist Missbrauch von Macht - DW Interview. In: YouTube. Stand: 17.1.2016. URL: www.youtube.com/watch?v=IrNY3lD--fc (alle abgerufen: 29.8.2017)

56 Vgl.a. Ziegler, Jean: Wie kommt der Hunger in die Welt?, Leipzig und München 2006. Weitere Informationen und Leseprobe zu o.g. Buch: URL: langelieder.de/lit-ziegler99.html (alle abgerufen: 29.8.2017)

57 Vgl. Melzer, Günther: Mahatma Gandhi. In: Zitate - Sprüche - Historische Personen. URL: www.zitate-online.de/sprueche/historische-personen/818/die-welt-hat-genug-fuer-jedermanns-beduerfnisse.html
(abgerufen: 29.8.2017)

Für Hannelore Vonier[58] heißt das in der Konsequenz, dass patriarchale Kulturen in keiner Weise, wie oft fälschlicherweise behauptet wird, die naturgemäßen „survival of the fittest" sind. Das matriarchale Prinzip ist das an die Natur besser angepasste und natürlichere und somit dem Leben zuträglichere Modell.

---

[58] Vgl.a.: Vonier, Hannelore: Ureinwohner - Indigene Gesellschaften, Naturvölker, Konsensgesellschaften. In: Dossier Ureinwohner. URL: matriarchat.-info/grundlagen/beschreibung-matriarchat.html (abgerufen:22.6.2023)

# Der männliche Impuls zu neuem Leben

## Von der Kraft, die uns zeugt

Die Hoden zeugen neues Leben, in dem sie die Samenzellen (Spermien) entstehen lassen. Das Glied (Penis) kann Lust erzeugen und tritt mit der Frau bei der sexuellen Vereinigung in die intimste erwachsene körperliche Beziehung, die zwischen zwei Menschen möglich ist. Der Penis transportiert den Samen in die Vagina der Frau.

Wenn Männer in ihre Geschlechtsorgane fühlen, dann nehmen sie deutlich zwei Ebenen wahr: die biologische Funktion, welche die Fortpflanzung sichert und die lust- und beziehungsvolle Ebene, welche besonders deutlich spürbar wird, wenn Mann mit sich und der Partnerin verbunden ist. Wenn er das Fließen im gesamten Körper zulässt. Wenn Ströme der Sinnlichkeit pulsieren dürfen. Wenn es nicht in erster Linie um Erektion und Orgasmus geht. Wenn die Sexualität leistungsfrei genossen werden kann. Das ist in unserer leistungsorientierten Welt nicht einfach. Viele Sexratgeber beschäftigen sich mit Möglichkeiten der Leistungssteigerung jeglicher Art und geben häufig hilflose Hilfestellung. Viele Männer fühlen sich von ihrem Körper entfremdet und kennen keine anderen Optionen.

Es geht zuerst darum, den eignen Körper kennen zu lernen, ihn zu fühlen, ihn mit allen Sinnen wahrzunehmen und sich Zeit zu lassen. Den Körper anzunehmen, auch mit dem, was nicht oder nicht immer funktioniert. Dann können die sexuellen Gefühle des Mannes zum Ausdruck der eigenen Lebensfreude werden.

## Meister des Daseins - die Hoden (Testis)[59]

In der Verbindung mit der tiefen Intuition des Mannes haben wir euch Folgendes zu sagen: Wir sind die eigentlichen Meister euers Daseins. Die Macht der Zeugung in der natürlichen Verbundenheit mit der Frau, liegt bei uns. Wir produzieren 1000 Samenfäden (Spermien) pro Sekunde - welch ein Wunder! Wir sind stark wie Mammutbäume. Wir sind die tiefe Männlichkeit.

Durch die überspitzte Lustbetonung und Fokussierung auf den Penis wird unser Gewicht oft nicht erkannt, weder von Männern, noch von Frauen. Ihr Männer solltet uns mehr Beachtung schenken, mehr Bedeutung zusprechen, mehr Gewicht geben. Ihr solltet euch fragen: Fühle ich meine Eier? Wie fühle ich meine Eier? Dann fällt es euch leichter, eure sexuelle, ja eure männliche Identität ins Gleichgewicht zu bringen. Dann wirst du, Mann, in der Tiefe deines Mann-Seins, deiner Männlichkeit deutlicher bewusst. Wir sehnen uns nach der bewussten Berührung, sowohl von der Frau, jedoch zuerst einmal von dir, Mann. Wenn du uns etwas Gutes tun willst, dann berühre, streichele, halte, wiege, drücke uns. Wir lieben das „Eier-Schaukeln".[60] Und dann bekommst du ein Gefühl

---

[59] Hoden (Testis), Nebenhoden (Epididymis), Samenleiter, Prostata (Vorsteherdrüse), Bläschendrüsen und Cowper-Drüsen bilden die inneren männlichen Geschlechtsorgane.
Übersicht und Informationen zur Funktion: Vgl. Onmeda-Redaktion: Männliche Geschlechtsorgane – Anatomie des Mannes. In: onmeda. Stand: 01.8.2011. URL: www.onmeda.de/sexualitaet/maennliche_geschlechtsorgane.html (abgerufen: 29.8.2017)

[60] Praktische Übung „Eier schaukeln": Während der täglichen Körperpflege tut es gut, die Hoden in der Hand zu wiegen, zu spüren, ganz leicht zu drücken. Dir, Mann, einige Minuten Zeit zu nehmen, dich mit deinen Hoden liebevoll zu verbinden.

für die Kraft des Zeugens und für unsere Verletzlichkeit. Beides ist wichtig für uns. Wir brauchen mehr Würdigung, mehr natürliche Beachtung, das bringt Ruhe, Kraft und Potenz in den Geschlechtsverkehr. Das bringt den Sexualakt in ein lebendiges Gleichgewicht zwischen Frau und Mann, wo es für beide Raum für die eigene und die gemeinsame Lust gibt.

## Erogener Halt - der Hodensack (Skrotum)[61]

Wir sind die Träger der Hoden mit der physiologischen Besonderheit, für die passende Temperatur bei der Produktion und Speicherung der Samen zu sorgen.

Wir wollen von euch Frauen mehr berührende Aufmerksamkeit, das stimuliert die Standhaftigkeit des Mannes und steigert seine Lust. Wir sind erogene Zonen und wir möchten berührt werden. Dann hast du, Frau, es gut, wenn du die starke Lust eines Mannes willst. Dann wirst du vor Lust mit den Augen rollen! Wenn du nicht willst, dass der Mann beim Akt kommt (ejakuliert), dann solltest du uns nicht berühren, dann fällt es dem Glied (Penis) leichter, „bei der Stange zu bleiben".

## Zerstörer oder lustvoller Zauberstab - das männliche Glied (Penis)

Ihr Männer, ihr gebt mir eine viel zu große Bedeutung. Ich fühle mich beladen mit all dem Männlichkeitswahn, den ihr pro-

---

[61] Zu den äußeren Geschlechtsorganen des Mannes werden das Glied und die Hodensäcke gezählt.

duziert. Ich kann viel entspannter da sein, wenn es nicht so wichtig ist, ob ich stehe oder nicht.

An euch Frauen: Ich liebe euch und es tut mir leid, was ich euch in all den Jahrtausenden der Gewaltherrschaft des Mannes angetan habe und noch antue. Ich war und bin häufig das Werkzeug des Gewaltausdrucks des Mannes. Bitte verzeiht mir.

Gleichzeitig ist im Besonderen meine Vorhaut so zart und so empfindsam, sensibler als Lippen oder Fingerspitzen. Der Teil von mir, der mit 20.000 Nervenenden auf leichte Berührungen spezialisiert ist, kann tiefe Lust schenken.

Wenn ihr Frauen mit euch selbst in Verbindung seid, jenseits der Gewalt, die euch angetan wurde, dann liebe ich eure natürliche, unschuldige Neugier und Leichtigkeit, mit der ihr mich berührt, spielend erforscht, gleichzeitig Spielzeug für eure Lust und die des Mannes. Ich sehne mich nach eurer Bereitschaft mich liebevoll in euch zu empfangen. Das führt mich zu den höchsten Wonnen und euch auch.

## Die Verharmlosung der Vorhaut-Amputation

Bis Ende des 19. Jahrhunderts sollten weltweit mit der Vorhautbeschneidung Krankheiten bekämpft werden, die angeblich durch die Selbstbefriedigung des Mannes ausgelöst wurden. Die meisten genannten Krankheiten, wie Lähmungen, Skoliose, Epilepsie und vieles mehr, wurden natürlich nicht geheilt. Hingegen wurde die sexuelle Empfindsamkeit des Mannes im wahrsten Sinne des Wortes beschnitten. Die ebenfalls pathologisierte Masturbation, die Homosexualität und die Promiskuität kamen mit Sicherheit seltener vor, weil nach der

Beschneidung weniger sexuelle Empfindsamkeit zu spüren war.

Der sensitivste Teil des Penis, die Vorhaut, wird bei der Vorhaut-Amputation teilweise oder vollständig entfernt (Zirkumzision). Eine dänische Studie von 2011 nennt nach männlicher Beschneidung Orgasmus-Schwierigkeiten bei Männern und Frauen. Probleme mit der Penetration, schmerzhafter Geschlechtsverkehr und ein Gefühl unvollständiger Erfüllung werden bei Frauen als mögliche Nebenwirkungen genannt. Einer US-Studie von 1999 zufolge bevorzugen die meisten Frauen den vaginalen Sex mit unbeschnittenen Männern.[62]

Die häufigste Ursache für die Beschneidung sind religiöse Gründe, verwurzelt in fanatischen Traditionen, hauptsächlich des Judentums und des Islams, oder in absurden Annahmen von Prüderie und Hygiene in der christlichen Welt. Die gegenwärtigen Schätzungen belaufen sich auf ein Drittel beschnittener Männer weltweit. Die USA und Australien sind Länder, in denen die Mehrheit der männlichen Neugeborenen aus nicht-religiösen Gründen beschnitten wurden oder noch werden. In Europa sind aktuell 10 - 20% der männlichen Bevölkerung von Vorhaut-Amputationen betroffen.[63]

---

[62] Vgl. Azad, Marcus: Sexuelle Auswirkungen der Zirkumzision. In: DocCheck. Stand: 3.4.2017. URL: flexikon.doccheck.com/de/Sexuelle_Auswirkungen_der_Zirkumzision (abgerufen: 29.8.2017)

[63] Vgl. Plaum, Petra: Beschneidungen von Jungs? Nur bei medizinischer Indikation! – Mit welchen Argumenten Ärzte Zirkumzisionen ablehnen. In Medscape. Stand: 5.8.2015. URL: https://deutsch.medscape.com/artikelansicht/4903926 (abgerufen: 13.6.2023)

Vgl.a. Franz, Matthias (Hg.): Die Beschneidung von Jungen - Ein trauriges Vermächtnis, Göttingen, 2014.

Medizinisch notwendig ist eine Vorhautentfernung nur in sehr seltenen Fällen. Untersuchungen zeigen im Gegenteil, dass bei 2,9% eine präventive Beschneidung Neugeborener zu einer Vorhautverengung (Phimose) durch Narbenbildung (Postzirkumzisionsphimose) führt. Das übertrifft um das Dreifache die Häufigkeit einer Vorhautverengung am Ende der Pubertät ohne operativen Eingriff. Eine Verengung der Vorhaut ist bei Kleinkindern bis hin zum Jugendalter völlig natürlich. Sie wird häufig fälschlicherweise als Phimose diagnostiziert. Dabei wächst sich die Vorhautverengung in der Regel völlig ohne Behandlung aus.[64]

Die Hygiene-Mär, die sich selbst in aufgeklärten Kreisen hartnäckig hält, dass die Vorhautentfernung das Risiko für sexuell übertragbare Krankheiten senken könne, ist durch den Stand der medizinischen Forschung nicht belegt.[65] Eltern sollten ihren Söhnen eher beibringen, wie ein Penis mit Vorhaut sauber gewaschen werden kann, statt die Vorhaut wegschneiden zu lassen.

Welch ein Gräuel und welche eine Absurdität ist es, dass in Afrika mit Vorhaut-Amputationen im großen Stil Aids vorgebeugt werden soll, anstatt die allgemeinen Lebens- und Hygienebedingungen zu verbessern. Sowie die Sexualaufklärung

---

64 Vgl. Reichhart, Edwin Manfred, (Hg.): Argumente gegen Beschneidung. In: Charta Beschneidungsforum. URL: www.beschneidung-von-jungen.de/home/maennliche-beschneidung/argumente-gegen-beschneidung.html?L=0%27A%3D0%27%22%27A%3D0 (abgerufen: 30.8.2017).

65 Vgl. Narvaez, Darcia: Mythen über die Beschneidung, die Sie wahrscheinlich glauben. In: Psychology Today. Stand: 30.10 2011. URL: www.beschneidung-von-jungen.de/home/argumente-gegen-beschneidung/mythen-ueber-die-beschneidung.html?L= (abgerufen: 30.8.2017).

zu fördern und Verhütungsmittel zu erlauben oder kostengünstig zu verbreiten.[66]

## Deutsches Parlament „beschneidet" Menschenrecht auf körperliche Unversehrtheit

Wenn ich den Kontext aller Religionen, die Vorhaut-Amputation fordern, ansehe, dann taucht für mich sofort folgende Frage auf: Wie kann Gott den Mann nach seinem Ebenbild erschaffen haben und ihn so wenig perfekt gestaltet haben, dass ihm dann später ein Stück von seinem empfindsamsten Teil weggeschnitten werden muss?

Im Juni 2012 hat das Kölner Landgericht entschieden, dass das Grundrecht auf körperliche Unversehrtheit höher zu bewerten ist, als das Recht auf freie Religionsausübung. Wie gut, das Recht auf genitale Selbstbestimmung einmal in den Mittelpunkt zu stellen! [67] Doch dann ging eine heftige und scheinheilige Debatte durchs Land. Da waren sich Merkel (CDU), Künast (Grüne) sowie Vertreter der christlichen Kirchen neben den jüdischen und muslimischen Religionsgemeinschaften alle einig, dass Vorhautbeschneidung aus religiösen Gründen er-

---

66 Vgl. Matthes, Eva: Afrikaner leisten Widerstand gegen Beschneidungsprogramme. In: Humanistischer Pressedienst. Stand: 1.3.2017. URL: hpd.de/artikel/afrikaner-leisten-widerstand-gegen-beschneidungsprogramme-14146 (abgerufen: 30.8.2017).

67 Vgl. Wakonigg, Daniela: 5 Jahre Kölner Beschneidungsurteil - „Ich bin sicher, dass ein solcher Gewaltakt gegen Kinder vor unserem Grundgesetz auf Dauer keinen Bestand haben wird". In: Humanistischer Pressedienst. Stand: 7.5.2017. URL: hpd.de/artikel/ich-bin-sicher-dass-solcher-gewaltakt-gegen-kinder-unserem-grundgesetz-dauer-keinen-bestand-haben-14388 (abgerufen: 30.8.2017).

laubt sein muss.[68] Daraufhin wurde im Herbst 2012 das Grundgesetz ausgehebelt und ein Gesetz, der §1631 im Bürgerlichen Gesetzbuch (BGB), erstellt, wonach die Beschneidung von Jungen wieder legalisiert wurde. Barbarische religiöse Tradition siegt rechtswidrig über die genitale Unversehrtheit, unterstützt von der deutschen Politik. Wie kann das in einem angeblich säkularen Staat möglich sein?[69]

---

68 Vgl. Welt N24 (Hg.): Merkel – „Wir machen uns zur Komikernation". Stand: 16.7.2012. URL: www.welt.de/politik/deutschland/article108304605/Merkel-Wir-machen-uns-zur-Komikernation.html (abgerufen: 30.8.2017).

Vgl.a. Kamann, Matthias, Schick,Julian: Grüne wollen Beschneidung gesetzlich regeln.Stand: 12.07.2012. URL: www.welt.de/politik/deutschland/article108274182/Gruene-wollen-Beschneidung-gesetzlich-regeln.html (abgerufen: 30.8.2017).

69 Säkularer Staat (Trennung zwischen Staat und Religion): Das gesellschaftliche Leben wird durch das Grundgesetz und die Menschenrechte geregelt, nicht durch die Religionsgemeinschaften, die jedoch noch immer großen Einfluß nehmen (z.B. durch staatliche Einziehung von Kirchensteuer, Finanzierung kirchlicher Einrichtungen, sogar Hauptfinanzierung der Kirchentage durch die öffentliche Hand), obwohl 66% der Deutschen Religion für wenig bis gar nicht wichtig halten.
Vgl. Doering, Dr. phil., Detmar: Religion und freiheitlich säkularer Staat. In: Bundeszentrale für politische Bildung. Stand: 18.3.2013. URL: www.bpb.de/apuz/156764/religion-und-freiheitlich-saekularer-staat (abgerufen: 30.8.2017).

Vgl.a. Barnickel, Thorsten: Diskriminierend und unsozial - Alljährlich verschenken verschuldete Städte Millionenbeträge an reiche Kirchen. In: Humanistischer Pressedienst. Stand: 10.1.2017. URL: hpd.de/artikel/alljaehrlich-verschenken-verschuldete-staedte-millionenbetraege-an-reiche-kirchen-13955 (abgerufen: 30.8.2017).

Jedoch auch 2017 regt sich Widerstand gegen dieses grausame Unrecht an wehrlosen Kindern.[70] Experten fordern: „Das Parlament hat die Pflicht, das Beschneidungsgesetz abzuschaffen"[71]. Nicht Gott, nicht Allah, sondern rechtsbewussten Menschen sei gedankt.

---

70 Vgl. Chefai, Florian: Demonstration gegen Genitalverstümmelung in Köln. In: Humanistischer Pressedienst. Stand: 9.5.2017. URL: hpd.de/artikel/demonstration-gegen-genitalverstuemmelung-koeln-14400#page-footer (abgerufen: 30.8.2017).

71 Giordano-Bruno-Stiftung: Das Parlament hat die Pflicht, das Beschneidungsgesetz abzuschaffen. Stand: 7.05.2017. URL: www.giordano-bruno-stiftung.de/meldung/eschelbach-franz-scheinfeld-beschneidung (abgerufen: 30.8.2017).

# Der Körper - das Haus unseres Daseins

## Unser Körper, Werkzeug zur Gewalt oder Liebe

Unser Körper bringt uns schon im Mutterleib in Berührung mit der Materie und mit Gefühlen von Wohlbehagen oder Schmerz. Nach dem Übergang durch den Geburtskanal sehnen wir uns nach der annehmenden Umarmung der Mutter und nach dem Saugen an ihrer Brust. Wir können vom ersten Moment an schreien und tun das auch, wenn wir uns bedürftig oder unwohl fühlen.

Unsere Hände begreifen lernend die Umgebung, streicheln, schlagen, liebkosen, morden, arbeiten hart, massieren sanft....

Unser Rücken lässt uns aufrecht da sein, gibt uns Kraft und Halt, oder er kann durch seelische und körperliche Gewalt gebrochen werden....

Mit unserem Becken empfinden wir die Wonnen der Lust, vergewaltigen, pflanzen uns in Liebe oder Hass fort, schwingen uns im Rhythmus des Tanzes....

Unsere Füße tragen uns in die Welt oder kleben an einem Fleck, hüpfen vor Freude oder marschieren in Kriege, oder tragen uns wandernd im Frühling in den duftenden Wald....

Mit unserem Mund küssen, beißen, singen, schluchzen, jauchzen, schreien, schimpfen, sprechen wir. Und rezitieren Gedichte von der Schmach und den Wundern in der Welt....

Mit den Augen sehen wir die Farben in allen Nuancen, die Grausamkeiten, die Zerstörung und die Liebe im Leuchten eines anderen Gesichtes.... Die Augen spiegeln unser Fühlen nach außen, sprühen, wenn wir uns freuen und glücklich sind, werden feucht, wenn wir traurig oder freudig berührt sind, oder schauen starr vor Angst, weit aufgerissen, und schießen bei Gelegenheit Blitze der Wut nach außen....

Mit unserer Nase riechen wir die Süße eines Babys, den Wohlgeruch einer Blume, die Chemie, die unser Land vergiftet, die Fäkalien in den Slums ohne Kanalisation, das Salz am Ufer eines Meeres und die tausendfachen Düfte all der guten Früchte, die unsere Erde hervor bringt....

Unsere Zunge lässt uns die Süße, die Schärfe, die Bitternis, das Salzige und Saure schmecken. Wir können lecken, an einer Frucht, einen Teller sauber lecken, am Körper unserer Liebsten. Wir können uns die Zunge in unserer Gier verbrennen oder wenn wir im falschen Moment das Richtige oder Falsche sagen....

Und unsere Ohren, die können hören. Eine große Bandbreite von hohen und tiefen Tönen, die uns wohltun oder als ätzender Lärm unser Wohlbehagen stören. Unsere Ohren können auch nach innen, genau in die Mitte unseres Gehirns, der Stille zuhören.

Wir können rennen und schwimmen und springen und tanzen und flüchten und Schutz finden und frieren und uns in wohliger Wärme im Sand räkeln. Süße Zärtlichkeit zulassen, zarte oder wilde Orgasmen erleben oder einfach still liegen und den Vögeln zuhören.

## Scham und Achtsamkeit

Manches Mal verdirbt uns die Scham unsere Freude und den Genuss an unserem Körper und unserem Dasein. Dabei spreche ich nicht von der „Urscham", die sich im Laufe von Jahrmillionen entwickelte und sich auf die vollständige Nacktheit und das Sexualleben bezieht.[72]

Manche Menschen können nicht mitteilen und zu dem stehen, was sie sich wünschen, was ihnen gut tut oder was sie gerne tun - sie schämen sich dafür. Besonders sexuelle Wünsche sind trotz oder gerade wegen aller scheinbaren Sex-Werbe-Offenheit mit Scham besetzt. In unserem intimsten Sein, da können wir auch am tiefsten beschämt werden. Deshalb fällt es vielen Menschen gerade bezüglich ihrer Sexualität besonders schwer, sich frei und offen mitzuteilen. Vielen fehlen dafür die Worte oder sie hatten bisher keine Gelegenheit, schamfrei über ihre sexuellen Bedürfnisse zu sprechen. Wir können lernen, achtsam über Sex zu sprechen. Das ist oft der erste Schritt. Mit der Zeit wird es viel leichter, wie alles, was wir üben.

Mir fallen die Worte von Wolf Büntig[73] ein: „Scham ist geronnene Freude". Also da gibt es etwas, worüber wir uns freuen, was wir mitteilen möchten, wofür wir Beachtung wünschen und dann werden wir missverstanden, abgewertet, zurückgewiesen. Wir werden vielleicht sogar ausgelacht oder gedemütigt. Dann steigt uns die Schamesröte ins Gesicht, die Freude ist verflogen - „geronnen". Es fühlt sich peinlich an. Ich könnte auch sagen, wir befinden uns in der Pein der „geron-

---

72 Vgl. Kramer, Katharina: Die Erfindung der Scham. In: GEOkompakt. URL: www.geo.de/magazine/geo-kompakt/6156-rtkl-liebe-und-sex-die-erfindung-der-scham (abgerufen: 30.8.2017)

73 Dr. med. Wolf Büntig, (1937-2021), Arzt für Psychotherapie, Potentialorientierte Psychotherapie, Leiter von ZIST gemeinnützige GmbH.
Vgl. Büntig, Wolf: Veröffentlichungen. URL: www.zist.de/de/veroeffentlichungen (abgerufen: 30.8.2017)

nenen" Freude. Der glückliche und unschuldige Moment der Freude ist vorbei - wie schade!

Viele von uns haben das schon erlebt, als sie noch begeisterungsfähige Kinder waren. Voller Vertrauen in die Menschen mit allem herausgeplatzt sind, was sie bewegt hat. Und dann beschämt wurden, weil die Erwachsenen nicht mehr mitschwingen konnten. Weil diese sich, selbst verstrickt, in ihrer zurückgewiesenen Liebe befanden. Kinder brauchen alle ein großes Maß an Beachtung, an Gesehenwerden, an liebevoller Aufmerksamkeit und an Respekt.[74] Beschämung gehört absolut nicht dazu. Sie ist verunsichernd für eine selbstbewusste Entwicklung des Kindes - also völlig kontraproduktiv.

Abhilfe bringt der achtsame Umgang mit unseren Kindern. Das heißt wir dürfen sie auf keinen Fall auslachen, demütigen oder ihnen mit Ironie und Zynismus begegnen. Wenn uns Erwachsenen das trotzdem passiert, dann ist es dringend notwendig, uns respektvoll und ernsthaft zu entschuldigen.

## Zu unserem Körper JA sagen!

Wenn wir lernen konnten, fürsorglich zu unserem Körper zu sein, wenn wir das große Glück haben, uns gut ernähren zu

---

[74] Vgl. Büntig, Wolf: Beachtung – ein menschliches Grundbedürfnis. Stand: 1993. URL: www.zist.de/de/veroeffentlichung/beachtung-ein-menschliches-grundbeduerfnis (abgerufen: 30.8.2017)

können[75], uns leichtfüßig bewegen zu können, wenn wir den Körper vor Krankheit und Vergiftung einigermaßen schützen können, ein Dach über dem Kopf haben und wissen, wovon wir morgen unser Essen bezahlen[76], dann gehören wir zu dem kleineren Anteil derjenigen auf diesem Planeten, die sich um das leibliche Wohl keine Sorgen machen müssen. Auch wenn es viele trotzdem andauernd tun. Obwohl die meisten Menschen auf der nordwestlichen Erde allen Grund haben, für ihre existenzielle Sicherheit dankbar zu sein.

Was hindert uns daran JA zu sagen, zu diesem Körper, diesem einen in diesem Leben? Was hindert uns zu sagen: Ich bin mein Körper und das ist gut so. Und vielleicht bin ich auch noch viel mehr. Mein Körper bietet meiner materiefreien Seelenenergie[77] in diesem Leben ein Gefäß bis hin zum Tod. Das ist schwer zu fassen, während wir leben. Es ist für einen Mo-

---

75 „Alle fünf Sekunden verhungert ein Kind, obwohl der Planet heute locker 12 Milliarden Menschen ernähren könnte. Ziegler nennt diesen Umstand Mord, doch er glaubt an die Empathie des Menschen." Zitiert nach: Jebsen, Ken: Jean Ziegler ist eine lebende Legende. In: KenFM. Stand: 17.1.2016. URL: kenfm.de/jean-ziegler-ist-eine-lebende-legende/ (abgerufen: 30.8.2017)

76 Allgemeine Erklärung der Menschenrechte (1948), Artikel 25, 1.: „Jeder hat das Recht auf einen Lebensstandard, der seine und seiner Familie Gesundheit und Wohl gewährleistet, einschließlich Nahrung, Kleidung, Wohnung, ärztliche Versorgung und notwendige soziale Leistungen, sowie das Recht auf Sicherheit im Falle von Arbeitslosigkeit, Krankheit, Invalidität oder Verwitwung, im Alter sowie bei anderweitigem Verlust seiner Unterhaltsmittel durch unverschuldete Umstände."
Zitat aus: Vereinte Nationen, Generalversammlung: 217 A (III). Allgemeine Erklärung der Menschenrechte - PRÄAMBEL. In: Resolution der Generalversammlung, un.org. Stand: 10.12.1948. URL: www.un.org/Depts/german/menschenrechte/aemr.pdf (abgerufen: 30.8.2017)

77 Vgl. Fischer, Jürgen: Sexuelle Liebe im Jetzt - Tantra und die zweite sexuelle Revolution, 3. Auflage, Saarbrücken 2015. Informationen zu o.g. Buch: URL: www.orgon.de/bücher/sexuelle-liebe-im-jetzt/ (abgerufen: 30.8.2017)

ment zu spüren, wenn die Seele den Körper im Sterben verlässt. Dieser Übergang, ein unfassbarer Augenblick. Eben noch um Luft gerungen, geröchelt, gekämpft, und dann nichts mehr, keine Bewegung, kein Zittern, kein Atmen und keinen Schmerz. Oder friedlich entschlafen, und die Seele entschwindet unmerklich. Wir sterben, wie wir gelebt haben, sagen manche.

Meinen Körper, den kann ich reiben und rubbeln und leicht klopfen, ihn streicheln oder streicheln lassen, zart oder fester, wie es gerade passt. Dann kann ich meinen Körper fühlen. Der ist für mich meistens real wahrnehmbar. Mein Körper, das bin ich!

Dieser Körper, dieses Wunder milliardenfachen Zusammenspiels von Zellen und Hormonen und Transmittern und, wer weiß, was noch alles. Es besteht absolut keine Notwendigkeit, unnötig an ihm herumschnippeln zu lassen, unnötig andauernd anders sein zu wollen - dicker, dünner, größer, kleiner....

Wenn ich JA sage zu diesem unglaublichen Zusammenspiel der Natur, entstanden aus einer langen Evolutionskette, dann kann ich meine Füße jetzt fest auf die Erde drücken, in meiner Fantasie Wurzeln wachsen lassen und mich mit meiner gesamten Aufmerksamkeit, mit meiner Intuition, mit dem Kanal des Wissens in mir verbinden. Wenn wir so nach innen finden, dann fühlen wir uns angeschlossen mit allem. Unser Körper, unsere Gefühle und unser Denken werden ruhig. Wir beobachten, ohne zu werten. Dann können wir beginnen, auch zu unserer schmerzhaften Vergangenheit ja zu sagen. Sie ist sowieso geschehen. Wir können sie mit der Zeit akzeptieren. Das heißt annehmen. Dann entsteht Mitgefühl für uns selbst und für alle Wesen. Und irgendwann lernen wir, zu verzeihen, uns selbst und den anderen.

Die Gefühle der Liebe werden von den meisten Menschen im Bereich des Herzens geortet. Als Offensein und als Strömen bis in die Arme und Hände, verbunden mit dem Gefühl von Wärme und dem Wunsch, berühren zu wollen. „Liebe drängt einen zur Nähe sowohl im Geistig-Seelischen (Identifizierung) als auch im Körperlichen (Körperkontakt und Eindringen). Wir möchten denen nah sein, die wir lieben und wir lieben jene, gegenüber denen wir diesen Wunsch empfinden."[78]

Mit unserem Körper in Frieden zu kommen, ist ein Weg, unsere tiefe Würde und Lebendigkeit zu fühlen. Dann können die sozialen Masken fallen. Wir sind im Kontakt mit unserer Echtheit, mit uns selbst und in authentischer Verbindung mit den Menschen sowie vielleicht auch mit dem Wissen aus anderen Zeiten und anderen Welten. Wenn wir Achtsamkeit und Geduld lernen, dann erhaschen wir mit unserem Körper einen Zipfel der Glückseligkeit, manchmal auch zu den körperlosen Welten, jenseits von Leid und Schmerz.

---

[78] Lowen, Alexander: Liebe und Orgasmus, München 1980, S. 32
Alexander Lowen war ein international bekannter Psychotherapeut und Arzt und ein Schüler von Wilhelm Reich Wichtige Publikationen sind: „Angst vor dem Leben", „Bioenergetik", „Der Verrat am Körper", „Depression", „Liebe und Orgasmus", „Körperausdruck und Persönlichkeit". Lowen lebte von 1910 bis 2008 in den USA.

# Explosion (Teil II)

### Ein Universum geht vorbei (Eva Sattler[79])
Und streift Dich mit seinem Blick.

Es trägt einen schwarzen Bart...

Hörst du schon die

HAST DU NICHT DAS FUNKELN

Explosion der Bombe?

GESEHEN IN SEINEN AUGEN?

War es Wut - oder gar Haß? Angst oder

Trauer - Freude - Liebe - Verzweiflung

Wieviel davon hältst du aus

bevor du schreist:

Raus hier - Raus!

Es geht nicht raus, das Universum.

Es bleibt in dir zurück -

als ein schwarzes

Loch:

Dein Tor zum Leben

---

[79] Sattler, Eva und Kammerer, Daniela: Blütenknall, Augsburg 2016
URL: www.bluetenknall.de URL: www.facebook.com/bluetenknall.de/

# Sexuelle Entwicklung

## Sexuelles Aufknospen in Prüderie, wie geht das denn?

## Elsa nimmt uns mit auf die Reise in ihre Pubertät

Ich berühre ganz vorsichtig meine Brüstchen. Ich stehe gerade vor dem großen Spiegel in meinem Zimmer. Ich schaue die beiden Hügelchen genau an und lege meine Hände über sie - da sind sie komplett verschwunden. Noch so klein, gerade im Aufknospen, jedoch genau richtig für eine Zwölfjährige. Dann schneide ich aus Papier kleine Körbchen aus. Ich will irgendwie erfahren, wie sich ein Büstenhalter anfühlt. Diese Aktion ist heikel, weil ich aufpassen muss, dass niemand hereinkommt. Kein eigenes Zimmer und abschließen darf ich auch nicht.

Nacktsein und alles, was mit Sex zusammenhängt, ist in unserer Familie total tabu. Trotzdem bin ich nicht nur ängstlich, sondern auch freudig aufgeregt. Ich mag meine Brüste und hoffe - ohne Ahnung was passieren wird - dass sie schnell wachsen mögen und ich dann auch einen BH tragen darf. DAS lustbesetzte Kleidungsstück in unserer Schule überhaupt. Es ist ein besonderer Spaß der Jungen, den Mädchen am Rücken den BH nach hinten zu ziehen und dann wieder zurückknallen zu lassen. Je lauter das Geräusch, desto heftiger das dumme Gelächter. Trotzdem wollen wir Mädchen möglichst schnell so ein Teil tragen, ein Vorbote des Erwachsenseins. Viele der anderen Schülerinnen besitzen trotz kleiner Brüste schon einen BH, die kleinste Größe und da stopfen sie dann noch Watte rein!

Meiner Mutter ist das Kaufen so eines BHs peinlich und sie meint, ich hätte das überhaupt noch nicht nötig. Zwei lange Jahre und viele anstrengende Diskussionen später, fahren wir dann endlich in die nächste Stadt, um dieses langersehnte Kleidungsstück zu besorgen. Es ging auch nicht mehr anders! Mittlerweile fühlen sich meine Brüste riesig an. Das ist beim Sport eine ziemliche Behinderung. Doch mit einer Mutter, der einfach alles Körperliche peinlich ist, wird das zur oberpeinlichen Aktion, wie abtörnend! Noch heute hasse ich es, mir Büstenhalter in einem Geschäft zu kaufen. Ich bestelle sie lieber online.

Wir lebten auf dem Land, normal rückständig und übertrieben christlich-prüde. Als ich so dreizehn oder vierzehn war, kam es hin und wieder vor, dass Mädchen in meinem Alter schwanger wurden. Der Super-Gau! „Was sagen die anderen Leute dazu!" war eh schon bei jeder Abweichung von der Norm das Credo. Und alle beteiligten sich eifrig am Dorftratsch. Nicht, dass meine Eltern das Naheliegende getan hätten, mich über Verhütung aufzuklären! Nein, Verhütung kam in ihrem Moralgefängnis nicht vor. Geschlechtsverkehr wird zur Zeugung von Kindern praktiziert - und auf keinen Fall vor der Ehe. Als sich meine Mutter dann durch meine Frage provoziert fühlte, ob es nicht doch Spaß gemacht habe - bei sechs Kindern, über deren Last sie sich häufig beklagt - gab sie mir eine schallende Ohrfeige. Heute interpretiere ich diesen Affekt so, dass sie wahrscheinlich überhaupt keine Freude beim Sex hatte, leider.

Meine sexuelle Energie jedoch war stark. Die Eltern schafften es trotz häufiger Schläge und massiver Kontrollen nicht, diese Energie einzudämmen. Vor allem meine Mutter (sicher mit dem Einverständnis meines Vaters) durchstöberte immer wieder mein Zimmer und fand vergraben in den Tiefen des Kleiderschranks meine Tagebücher, die sie dann heimlich las. Meine Post, erste kleine Liebesbriefe von Jungen, wurden abgefangen und geöffnet. Das Telefon mit einem Schloss versehen. In großer moralischer Empörung warf mir meine Mutter dann urplötzlich meine Kontakte zu den Jungen vor. Beschimpfte mich als Hure, obwohl außer ein bisschen Petting noch gar nichts gelaufen war. Ich fühlte mich erniedrigt und sehr beschämt!

### Die 68er-Bewegung gibt Elsa Rückenwind

Ich war weiterhin sehr rebellisch und wollte mich auf keinen Fall unterkriegen lassen. Zum Glück gab es an meiner Schule einige fortschrittliche Lehrer (keine Lehrerinnen!), die „angelinkst" von der 68er-Bewegung[80] gerade ihren Dienst begonnen hatten. Bei ihnen fand ich Verständnis. Es tat mir so gut zu spüren, dass es auch Menschen gab, die meine sexuelle Lebendigkeit nicht zerstören wollten, sondern diese sogar unterstützten, ohne daraus eigene Vorteile zu ziehen.

Der Vertrauens- und Musiklehrer teilte mich als Begleitperson für das Schulchor-Wochenende ein, welches an dem Ort stattfand, wo Noah wohnte, den ich auf einer Schulsprecher-Konferenz kennen gelernt hatte. Und in den ich mich heftig

---

80 Am 2.Juni wurde Benno Ohnesorg von dem Polizisten Kuras bei einer Demonstration gegen den Schah von Persien ermordet. Dieses Datum wird als Beginn der 68er-Bewegung bezeichnet, die sich u.a. für die Aufarbeitung des Nationalsozialismus, für einen menschenwürdigeren gesellschaftspolitischen Umgang und für eine freiere Sexualität einsetzte.
Vgl.a. Kraushaar, Wolfgang: 1968 - Das Jahr, das alles verändert hat, München 1998

verliebt hatte! Er durfte auch als begleitender Schüler dabei sein, obwohl er gar nicht zu unserer Schule gehörte. Echt super! Also konnten wir uns nachts in dem Schullandheim treffen, nachdem ich die andere Begleitschülerin und die Kleinen in ein Zimmer „komplementiert" hatte. Leider kotzte nachts eins der Jüngeren und die zuständige, überhaupt nicht lockere Lehrerin, wollte die Kotze nicht selbst wegwischen. Sie fand Noah und mich zusammen im Bett und verursachte einen riesigen Wirbel. Mir war klar, den Musiklehrer musste ich heraushalten. Das gelang mir auch. Von da an grinsten wir uns immer wieder verschmitzt an, wenn wir uns im Schulgelände begegneten. Bei den fortschrittlichen Lehrern war ich sehr beliebt, weil ich blitzgescheit und sehr neugierig war. Die konservativen Lehrerinnen und Lehrer mochten mich nicht, konnten mich jedoch zum Glück nicht allzu sehr stressen, weil ich zu gute Schulnoten hatte.

## Elsa und die Anti-Baby-Pille

Der Versuch, mit Noah zu vögeln, war ja unter anderem durch die ätzende Aktion der blöden Lehrerin gescheitert. Und das Horrorgespenst, ungewollt schwanger zu werden, sprühte sein Gift in meine aufblühende Lust. Gleichzeitig verbunden mit der Sehnsucht, dass Noah doch in mich eindringen möge.

In meiner Klasse gab es ein älteres Mädchen mit einigen älteren Schwestern. Da durfte ich ganz selten - immer nach langen Kämpfen mit meinen Eltern - mal zu Besuch sein. Ich konnte es nicht fassen, wie offen und selbstverständlich dort über alles geredet wurde. Wie annehmend und wohlwollend die Stimmung war auch zu den Themen wie Verliebtheit und

Sex. Wenn es darum ging, neckten sie sich häufig und lachten ganz viel. Wie ein trockener Schwamm sog ich das alles auf.

Jule hatte einen älteren festen Freund, mit dem sie auch schon richtigen Sex hatte. Sie verhütete mit der Anti-Baby-Pille. Jule erklärte mir, wie sie zur Pille gekommen war. Also gingen wir zu einem Frauenarzt und ich stotterte etwas von unregelmäßiger Blutung. Ich war erst vierzehn! Er sagte, er würde mir ein Medikament verschreiben. Ich dachte schon, Scheiße, das hat bei mir jetzt nicht geklappt. Als Jule und ich dann den Beipackzettel lasen, sagte Jule, das ist doch die Anti-Baby-Pille! Schau mal, hier steht, zur Kontrazeption geeignet und das heißt auf Deutsch zur Verhütung geeignet. Er hat es dir nur nicht gesagt. Ich war erleichtert! Wirklich!

Ich nahm dann heimlich dieses Zeug. Innerhalb von einigen Monaten explodierte mein Körper in die Breite und meine Brüste entwickelten sich zu hängenden Birnen. Wie hatte ich mich nach Größeren gesehnt, in der naiven Annahme, dass die schöne kugelige Halbapfelform bestehen bleiben würde. Warum hatte der Arzt mich nicht informiert, was passieren würde? Ich weiß nicht, ob ich die Pille dann auch genommen hätte. Wahrscheinlich schon. Ich wollte einfach dazu gehören. Das hieß möglichst bald vögeln und NICHT schwanger werden. Vielleicht war ich jedoch auch gerade in einem pubertären Wachstumsschub und meine Brüste wären auch ohne Hormone stark gewachsen.

Später in meinem Leben litt ich immer wieder unter diesen hängenden Teilen, die irgendwie nicht richtig zu mir gehörten, weil sie ja vielleicht auch irgendwie unnatürlich entstanden waren, aus einer Verkettung von sexualfeindlichen Zusammenhängen. Wie lästig beim Sport, wo ich doch so gerne rannte! Wackel, wackel und immer Angst vor dem Spott von Jungs und Männern. Einer meiner „Freunde" hat mich mal gefragt, ob er den Bleistifttest bei mir machen dürfe. Nichtsahnend und neugierig stimmte ich zu. Er klemmte einen Stift unter eine meiner Brüste, der Stift fiel nicht herunter. Er meinte, das sei der Beweis für meine Hängetitten. Da war ich neunzehn - und zutiefst beschämt.

Viele Jahre Therapie und Selbstannahme waren notwendig, das sinnlich-lustvolle Gefühl, wenn ich meine Brüste anfasse, zu erlauben. Und auch bei der Berührung von einem Mann nicht in Angststarre zu verfallen. Sowie die negative Erwartung loszulassen, er würde einen abwertenden Spruch über meine schönen, großen, zarten, weichen Brüste machen.

### Elsas erstes Mal am Karfreitag

Das Zusammenkommen mit Noah war kompliziert bis unmöglich. Die äußeren Umstände waren so ungünstig und wir waren bei den seltenen Treffen sehr unsicher im Umgang miteinander. Ich erfand ein Schulsprecher-Treffen, indem ich eine gefälschte Einladung schrieb. Meine Eltern glaubten mir nicht, woraus ich den Schluss zog, in Zukunft noch gekonnter lügen zu lernen. Je farbiger und detaillierter meine Fantasie, desto besser. Meine Eltern konnten sich dann nicht mehr vorstellen, dass ich mir das alles ausdachte.

Damals gab es noch keine Mobiltelefone, kein Internet, keine E-Mails. Die Briefe wurden von meiner Mutter abgefangen. Also versuchte ich postlagernd die Liebesbotschaften von Noah zu erhalten. Doch in einem Dorf von tausend Einwohnern erfuhren meine Eltern auch davon ziemlich schnell.

Noah wohnte neunzig Kilometer entfernt. Eine schier unüberbrückbare Distanz, die ich auch mit meinem Mofa nicht schaffte. Das hatte ich durch harte Arbeit bei der Traubenernte und in einer Verpackungsfabrik mit meinem eigenem Geld gekauft. So war ich wenigstens vom Schulbus, der nur einmal am Tag in die nächste Kleinstadt fuhr, unabhängig. Die zarten Bande mit Noah zerbrachen.

Die einzige Möglichkeit, im Dorf Jungs zu treffen, bot ein evangelischer Jugendclub. Weil dieser kirchlich war und meine Eltern nicht so durchblickten, was da lief, durfte ich manchmal hin. Beim Tanzen lernte ich Albert kennen. Er war fünf Jahre älter und lebte in der Kleinstadt, wo ich zur Schule ging. Obwohl ich ihn nicht so gerne mochte wie Noah, kamen wir uns näher. Eigentlich war ich noch sehr enttäuscht, dass es keine Chance gegeben hatte, Noah öfter zu treffen. Ich war gerade sechzehn Jahre alt geworden, nahm jetzt schon seit über einem Jahr die Anti-Baby-Pille und hatte immer noch nicht mit einem Jungen geschlafen.

Meine Eltern fuhren in den Osterferien in Urlaub. Je älter ich wurde, desto mehr hasste ich diese gemeinsamen Urlaube. Wo alle noch enger aufeinander hockten. Es noch mehr Streit gab als Zuhause. Eine neue List musste gefunden werden. Nach vielen Diskussionen schaffte ich es, dass ich nicht mitfahren musste. Ich sagte, ich sei bei Jule. Heimlich hatte ich mir einen Nachschlüssel zu unserem Haus anfertigen lassen. An

Karfreitag veranstaltete ich da dann eine Party mit vielen jungen Leuten.[81]

Albert kam auch und wir landeten zusammen in meinem Mädchenbett. In dem ich schon so oft von dem körperlichen Zusammensein mit einem Jungen geträumt hatte. Und mich dabei still und heimlich selbst befriedigt hatte. Albert war schon ein richtiger Mann, leider nicht besonders sensibel. Er kannte sich auch nicht besonders gut im sexuellen Vorspiel aus. Diese erste Penetration tat mir ziemlich weh und brachte mir überhaupt keine Freude. Ich war sehr ernüchtert.

Meine Mutter roch, dass etwas nicht stimmte. So unterbrachen sie ihren Urlaub, um nach dem Rechten zu sehen. Das Haus befand sich noch in völligem Chaos. Überall stank es nach Zigarettenrauch und Alkohol. Meine Freundinnen und Freunde hatten sogar das Ehebett genutzt. Die prüden Eltern waren natürlich total empört. Vor allem gekränkt in ihrer christlichen Scheinheiligkeit, weil die Party am Karfreitag stattgefunden hatte. Schließlich wurde da Jesus für unsere Sünden ans Kreuz geschlagen. Damit hatte ich schon damals nichts am Hut. Für mich muss niemand ans Kreuz geschlagen werden. Woher auch immer, ich hatte ein großes Selbstbewusstsein und war mir keiner Schuld bewusst. Ich fand es sehr berechtigt, dass ich meine eigenen Erfahrungen sammeln

---

81 Der Bundesgerichtshof hat 2017 erstmals das Tanzverbot am Karfreitag aufgehoben.
Elsa war offensichtlich Anfang der 70er Jahre ihrer Zeit weit voraus!
Die Filmemacherin Ricarda Hinz präsentiert 2017 ihren Film „Tanz den Karfreitag!" im Rahmen der Themenwoche „Unglaube" des Humanistischen Pressedienstes (hpd).
Vgl. Schmidt-Salomon, Michael: Filmdoku zur Heidenspaß-Party 2017 - Tanz den Karfreitag! In: hpd. Stand: 12.6.2017. URL: hpd.de/artikel/tanz-den-karfreitag-14513 (abgerufen: 30.8.2017)

wollte, auch wenn das Ergebnis zunächst nicht gerade berauschend war.

## Eine Kindheit ohne Liebe - Elsas Hintergrund

Elsa wuchs als Älteste mit fünf weiteren Geschwistern auf. Die Eltern waren vom zweiten Weltkrieg schwer traumatisiert. Sie hatten ihren Schmerz über die Verluste, ihre Angst und ihre Wut tief in sich eingeschlossen. Die Mutter litt unter dem Messie-Syndrom[82], wahrscheinlich als Folge der emotionalen und materiellen Entbehrungen aus der Kriegs- und Nachkriegszeit. Sie fühlte sich chronisch überlastet durch den großen Haushalt und den abwesenden Vater, der als Abteilungsleiter in einer Versicherung arbeitete. Er hatte sich mit Zusatzausbildungen dahin hochgearbeitet. Und er war stolz darauf und gleichzeitig unglücklich über seinen beruflichen Werdegang. Er war fünfzehnjährig noch im letzten Kriegsjahr eingezogen worden. So konnte er seinen Traumberuf, Jurist zu werden, nicht realisieren.

Trotz des aufkeimenden Wirtschaftswunders waren Elsas Eltern voller Sorge um die Zukunft. Entspanntes Familienleben mit Freude und Genuss kam nicht vor. Vielmehr herrschte eine Atmosphäre von Angst, Unzufriedenheit, Stress und Konkurrenz - die sich durch ständige Streitigkeiten ein Ventil suchte. Elterliche Liebe fließen zu lassen, war ihnen unmöglich. Schläge waren ein probates Erziehungsmittel. Womit sie

---

82 Messie-Syndrom: Vieles wird gehortet, auch wenn es nicht mehr gebraucht wird. Das führt zu Chaos und Überforderung. Problemlösungen werden immer weiter hinausgeschoben.

besonders die lebendige Elsa bestraften.[83] Wertschätzende Anerkennung für das kindliche So-Sein waren den Eltern unbekannt. Positive Aufmerksamkeit gab es, wenn überhaupt, nur für gute Leistungen und angepasstes Verhalten. Halt suchten die Eltern in einer evangelisch-freichristlichen Gemeinde und in einer wortwörtlichen Auslegung der Bibel. Ihre religiöse Einstellung wurzelte in der Familie der Mutter, die sich als Einzige im Dorf gegen die Teilnahme der Kinder in der Hitler-Jugend gewehrt hatte. Das beeindruckte den Vater nach den verheerenden Verbrechen der NS-Zeit und dem Mitläufertum in seiner eigenen Familie.

Mit zwölf Jahren brachte Elsa die freigeistigen Ideen ihres Religionslehrers - die auch die Existenz Gottes in Frage stellten - begeistert mit nach Hause. Die Eltern reagierten zutiefst empört. Der Vater beschwerte sich sofort bei der Schulleitung über diesen Lehrer. Auch die ersten sexuellen Wünsche und Begegnungen ihrer ältesten Tochter empfanden sie als große Sünde und lehnten sie verständnislos ab.

Als Elsa es dann mit großem Mut schaffte, sich aus diesem restriktiven Milieu zu entfernen, schlitterte sie rebellisch und emotional verloren in die wilde Welt der 68er-Bewegung. Von der sie total begeistert und mit der sie gleichzeitig komplett überfordert war. Ein Zurück in die Welt ihrer Eltern kam für sie jedoch unter keinen Umständen in Frage.

---

83 Vgl. Müller-Münch, Ingrid: Die geprügelte Generation: Kochlöffel, Rohrstock und die Folgen, Berlin 2012.

Buchbeschreibung: Vgl.a. Otte, Walter: Die geprügelte Generation. In: hpd. Stand: 13.11.2012. URL: hpd.de/node/14348?nopaging=1 (abgerufen: 30.8.2017)

## Elsa traut sich und rennt ins „Erwachsensein"

Nachdem meine Eltern mich auch noch gezwungen hatten, mich konfirmieren zu lassen, war ich von zu Hause abgehauen, zu Albert. Er lebte mit einem Freund in einem kleinen Haus. Seine Eltern, eine Arbeiterfamilie, wohnten in dem Häuschen nebenan. Sie hatten überhaupt kein Problem damit, dass ich als Minderjährige (damals war die Volljährigkeit gesetzlich noch auf einundzwanzig Jahre festgelegt) in eheähnlicher Beziehung mit ihrem Sohn lebte. Albert war ebenfalls Arbeiter bei einem Autokonzern in der Region und verdiente schon sein eigenes Geld. Ich lebte also mit diesen beiden erwachsenen Männern zusammen. Ich hatte mit Albert unbefriedigenden Sex und kam mir ziemlich erwachsen vor. Alles besser als wieder zu den Eltern zurück!

Ich ging weiter regelmäßig zum Unterricht und konnte trotz allem meine Leistungen halten. Meine Eltern meldeten in der Schule, dass ich abgehauen sei. Vorladung zum Direktor - ein cholerischer, konservativer Arsch! Ich sagte, ich sei bei Jule untergekommen und was er überhaupt wolle, ich sei doch jeden Tag da und weiterhin Klassenbeste. Alles andere ging ihn doch überhaupt nichts an. Da flippte er völlig aus und schrie, dass er jetzt die Polizei rufen würde. Er griff zum Telefonhörer. Ganz cool fragte ich ihn, was er denen erzählen wolle, ob er sich lächerlich machen wolle? Er legte mit puterrotem Kopf den Hörer wieder auf und schrie nur noch: „Raus!". Nichts lieber als das! Die Klassenlehrerin versuchte dann auf die moralische Tour mit mir ins Gespräch zu kommen. Das juckte mich noch weniger. Bei den fortschrittlichen Lehren war ich sowieso der Star. Sie bewunderten mich für meinen Mut und stärkten mir den Rücken.

Dann kam eine Vorladung vom Jugendamt. Auch dahin begleitete mich Jule. Wir erzählten einem jungen, offenen Sozialarbeiter, wie schlimm es bei meinen Eltern sei. Wie oft sie mich schlugen und wie sehr sie mich stressten. Nur wenig übertrieben. Auch da hatte ich wieder großes Glück. Herr Mayer meinte, er könne verstehen, dass ich nicht mehr bei den Eltern wohnen wolle. Ich hörte nie wieder etwas von diesem Amt.

Trotzdem hatte ich häufiger - besonders nachts - Angst, dass die Polizei mich suchen und finden würde. Doch es passierte gar nichts. Meine Eltern tauchten auch nicht in der Schule auf. Deshalb glaube ich heute, dass sie mit mir total überfordert und insgeheim froh waren, dass ich abgehauen war.

Nachdem ich die Realschule mit sehr gutem Abschluss beendet hatte, zogen Albert und ich in ein Studentenhaus im Frankfurter Nordend. Wir waren mittlerweile in einer kommunistischen Jugendorganisation engagiert. Die neuen Mitbewohner bezeichneten sich als Genossinnen und Genossen und studierten fast alle. Arbeiter standen bei Kommunisten Anfang der siebziger Jahre hoch im Kurs. Im Gegensatz zu mir, fühlte sich Albert in diesem intellektuellen Milieu trotzdem nicht sehr dazugehörig - meistens sogar ziemlich unterlegen. Er wurde immer aggressiver, besonders mir gegenüber. Wenn ihm die Argumente ausgingen, dann knallte er mir eine, mitten ins Gesicht. Wie feige! Nachdem er mich mehrmals geschlagen hatte, habe ich ihn rausgeworfen. Die anderen unterstützten mich dabei.

Ab dann wohnte ich in den zwei winzigen Zimmern unterm Dach ganz für mich, mein eigenes Reich. Wasch- und Kochgelegenheit waren auf dem Flur und mit den anderen zur gemeinsamen Benutzung vorgesehen. Das Klo drei Stockwerke tiefer überm Hof. Doch das alles störte mich nicht. Ich hatte noch nie ein eigenes Zimmer gehabt und jetzt gleich zwei. Welch ein Glück!

Geschafft von all dem, was ich mit meinen zarten siebzehn Jahren schon erlebt hatte, begann ich mich langsam von Albert zu erholen. Um dann in weitere Verhältnisse - mit meist älteren Männern - zu taumeln. Und mich oft überfordert, unbefriedigt und unglücklich zu fühlen. Doch die heißen Zeiten hatten auch gute Erfahrungen für mich im Gepäck. Obwohl ich die Jüngste war, fühlte ich mich von den Genossinnen und Genossen ernst genommen. Ich spitzte meine Ohren, bei all dem Neuen und Spannenden, was ich zu hören bekam. Ich bewunderte meine - meist zehn Jahre älteren - Mitbewohner in ihrer Selbstsicherheit und ihrem Drang, die Welt in einen gerechteren Ort verwandeln zu wollen. Ich lernte viel von ihnen und fand Zugang zu gesellschaftspolitischen Haltungen, die in meiner Sicht auf die Welt bis heute ihre fruchtbaren Spuren hinterlassen haben.

Nachdem ich diese lange Geschichte von Elsa gehört und aufgeschrieben habe, überkommt mich eine große Traurigkeit. Elsa ist aus der Kindheit in einem Erwachsenenleben gelandet, ohne langsames Heranreifen und behutsames Ausprobieren in einem geschützten Zusammenhang, mit angemessener Aufklärung und Unterstützung durch verständnisvolle Eltern. Wie sie selbst sagt, ohne die Zeit der Jugend. Jahre, die neben allem Aufregenden eine große Überforderung in diesem jungen Alter für sie darstellten. Auch wenn sie diese Zeit mit der wilden Kraft der Jugend so gut meisterte. Vor allem - trotz der negativen Prophezeiungen ihrer Eltern - nicht in der Gosse gelandet ist.

Jürgen Fischer fasst zusammen: „Die Pubertät ist demnach, ‚der sexuelle Kampf der Jugend', in der jede Generation versucht, die Glücksfähigkeit als Konsequenz der aufblühenden Sexualreifung von der Elterngeneration einzufordern. Wenn man die Sicherung und Entwicklung lebendiger Strukturen als Ziel menschlichen Fortschritts sieht - bis hin zur Verhinderung von Krieg, Kriminalität und Hunger als Extreme neurotischen Elends - entscheidet darüber hauptsächlich die Generation der Pubertierenden."[84]

Ich verspüre jetzt das dringende Bedürfnis mich in eine andere Zeit und in eine andere Region zu träumen, jenseits eines „sexuellen Kampfes der Jugend". Hin zu einer liebevollen Unterstützung der Erwachsenen für die ersten sexuellen Erfahrungen ihrer Kinder und Jugendlichen.

## Sexuell aufblühen, so geht es!
## Eine Traumreise zum Leben von Kindern und Jugendlichen in Primärnationen

Heute bin ich in unser Jugendhaus eingezogen. Das ist spannend und ich habe ein bisschen Angst, aber am meisten bin ich aufgeregt. Die Erwachsenen lassen uns hier in Ruhe. Sie kommen nur wenn wir sie rufen, wenn wir Hilfe brauchen. Ich bin noch ein Mädchen, ich blute noch nicht. Marimbo ist zwei Jahre älter als ich und wir liegen oft gemeinsam auf einer Bettstelle. Manches Mal schlafe ich auch bei anderen Jungen und Mädchen. Bei uns ist es so warm, deshalb sind wir nachts alle nackt. Manchmal kitzeln wir uns gegenseitig. Das ist sehr lustig. Manchmal streicheln wir uns auch ganz sachte überall, das ist auch sehr schön. Wenn ich etwas nicht will, dann sage ich

---

[84] Fischer, Jürgen: Die Sexualität der Jugendlichen - Kern der Verhinderung von Neurosen. URL: www.orgon.de/wilhelm-reich/die-sexualität-der-jugendlichen/ (abgerufen: 30.8.2017)

es und die anderen hören sofort damit auf, egal was gerade passiert. Bei uns steht der eigene Wille an erster Stelle. Niemand darf zu irgendetwas gezwungen werden!

Wenn wir uns zwischen den Beinen anfassen, dann ist das sehr spannend, kribbelig und manches Mal zuckt es dann in meinem ganzen Körper. Bei den größeren Kindern stecken die Jungen ihr Zipfelchen in die Mädchen rein, wenn die das wollen. Da finden sich dann wechselnde Pärchen zusammen. Später, wenn sie schon viel Erfahrung gesammelt haben, dann sind sie häufiger mit denselben Jugendlichen zusammen. Das entwickelt sich einfach so. Accamira hat mir alles ganz genau erklärt. Sie ist meine Freundin und sie gehört zu den Großen. Sie blutet auch schon. Wie das mit dem Babys kriegen geht, hat sie mir mit einem Stöckchen in den Sand gezeichnet. Das finde ich spannend. Ich habe mir alles ganz genau gemerkt.

Damit Accamira die nächsten Jahre noch viel Spaß mit den Jungen haben kann, hat ihr Anuea, unsere Kräuterfrau, einen Sud zum Trinken gegeben. Jetzt kann sie sieben Jahre keine Kinder bekommen.[85] So hat sie genug Zeit, sich in Ruhe einen jungen Mann auszusuchen, mit dem sie ihr Leben verbringen möchte und der dann der Vater ihrer Kinder sein wird.

Ich mag Accamira sehr. Sie kann mir alles so gut beibringen. Natürlich nicht nur die Sache zwischen Jungen und Mädchen. Und wie schön es sich im Körper anfühlt, wenn sie miteinander Sex haben wie die Erwachsenen. Sie zeigt mir auch, wie ich Matten aus Blättern und Körbe aus Ästen flechten kann und welche Kräuter besonders gut in der Suppe schmecken. Manches Mal kochen wir zusammen im Jugendhaus, wenn wir Lust dazu haben. An anderen Tagen essen wir mit

---

85 Es handelt sich um Schilfgras, Piripiri genannt.

den Erwachsenen. Ich kann jeder Zeit meine Mutter besuchen und sie auch fragen, wenn ich etwas wissen will. Meistens jedoch hat mir Accamira schon alles genau erzählt.

Ich wünsche mir, dass Marimbo der Vater meiner Kinder wird. Das ist jetzt mein Gefühl, aber vielleicht ändert sich das ja auch noch in den nächsten Jahren. Ich werde sicher noch mit vielen Jungen Sex ausprobieren und dann spüren, wer am besten zu mir passt. So hat es mir jedenfalls Accamira gesagt.

# Empfängnisverhütung

## Empfängnisverhütung, ein Menschenrecht

Jedes Paar hat ein grundlegendes Menschenrecht, frei und verantwortlich über die Zahl und die Folge seiner Kinder zu entscheiden, und ein Recht auf entsprechende Erziehung und Information.[86]

In die Psychotherapie kommen auch Menschen, die nicht als Wunschkinder gezeugt wurden. Es passieren so viele Pannen bei der Verhütung, weil kein ausreichendes Wissen darüber bestand und leider oft auch heute noch nicht besteht.

Misslungene Abbrüche erzeugen frühe seelische Störungen[87] bei den Kindern, auch wenn sie später willkommen geheißen werden. Durch Schwangerschaftsabbrüche entsteht häufig großes Leid für die Frauen. Wieviel Leid bei dem getöteten Kind verursacht wird, ist nur manchmal zu erahnen, wenn diese Seelen nicht ins Licht der jenseitigen Welt gelangen, sondern sich an geschwächte Menschen andocken und ihnen Energien rauben. Viele Mütter leiden nach durchgeführten oder versuchten Abbrüchen ein Leben lang an großen Schuldgefühlen. Die Beziehung zu den Kindern, die durch misslungene Schwangerschaftsabbrüche nicht gegangen sind,

---

86 Diese Rechte wurden 1968 in der UNO Menschenrechtskonferenz niedergelegt.

87 Sogenannte Frühstörungen entstehen in der Mutter-Kind-Beziehung während der Schwangerschaft oder während der Geburt und in den ersten vier Lebensmonaten. Das Kind kann später u.a. nicht oder nur schwer zwischen sich selbst und der Mutter unterscheiden. Es fehlt ihm an Urvertrauen und es entwickeln sich häufig verschiedene Ängste.

gestaltet sich häufig schwierig. Ein späterer Kinderwunsch kann manches Mal nicht mehr in Erfüllung gehen. Diese Erfahrungen implizieren:

SCHWANGERSCHAFTS-VERHÜTUNG SOLLTE IMMER DIE ERSTE WAHL SEIN!

Und trotzdem gehört der befruchtete Bauch jeder Frau selbst. Sie entscheidet, ob sie ein Kind austrägt. Kein (Männer-) Gericht der Welt hat das Recht, sich da einzumischen!

Ich schließe mich der klugen Meinung von Theodor W. Adorno[88] - dass der einzig legitime Grund, ein Kind zu bekommen, die Freude am eigenen Leben sei - sehr gerne an.

Die Geschichte der Empfängnisverhütung reicht weit zurück. Sie zeigt, dass Menschen schon in der Jungsteinzeit einen Zusammenhang zwischen Geschlechtsverkehr und Zeugung von Kindern herstellten und das Bedürfnis hatten, Sexualität ohne die Folgen einer Schwangerschaft zu genießen. Anthropologen berichten, dass seit Jahrtausenden vor allem einfach anwendbare Barrieremethoden pflanzlicher Herkunft, (Tampons aus Gras, Wurzelwerk oder Algen sowie Fruchtschoten, die die Spermien auffangen sollten) benutzt wurden. Auch erste Formen von Präservativen aus den unterschiedlichsten Materialien lassen sich lange vor unserer Zeitrechnung datieren.

---

88 Vgl. Gute Zitate: Zitate von Theodor W. Adorno. Stand: 2017.
URL: gutezitate.com/ahttps://rette-sich-wer-kann.com/dossier-ureinwohner/utor/theodor-w.-adorno/3 (abgerufen:30.8.2017)
Theodor W. Adorno (1903 - 1969), ein deutscher Philosoph und Soziologe: Er war mit seiner Gesellschaftskritik neben Max Horkheimer einer der Hauptvertreter der u.a. als „Kritische Theorie" bekannten Denkrichtung.

## Grüne Empfängnisverhütung bei Primärnationen

Das freie Ausleben von jugendlicher Sexualität bei Primärnationen - ohne Coitus interruptus[89] und ohne andere mechanische Verhütungsmethoden - bei gleichzeitig niedrigen Schwangerschaftsraten bei jungen Frauen, erschien westlichen Wissenschaftlern lange als ein großes Rätsel. Sie stellten die absurdesten Hypothesen auf. Kindermord, Abtreibung am Ende der Teenagerzeit, eine Muskelkontraktionstechnik, um den Samen auszustoßen, oder, besonders pikant, dass der Kontakt mit dem Sperma einer Vielzahl von Männern und Jungen einen immunisierenden Effekt haben könnte. All diese Thesen waren in der Diskussion. Selbst fortschrittliche Ethnologen wie Malinowski konnten sich zu Beginn des letzten Jahrhunderts einfach nicht vorstellen, dass die „unzivilisierten Wilden" über orale Verhütungsmittel verfügten.

Durch neuere Forschungen wissen wir, dass Primärnationen zu einer großen Anzahl von pflanzlichen Verhütungsmöglichkeiten Zugang hatten oder auch noch haben.[90] Die Zurückhaltung dieser Ethnien bei der Offenbarung ihrer Naturschätze, also auch der natürlichen, pflanzlichen Verhütung, ist nicht verwunderlich. Wurde die Verhütung doch von den Ko-

---

89 Coitus interruptus: Der Mann zieht seinen Penis aus der Scheide, kurz vor dem Samenerguss heraus, um eine Schwangerschaft zu verhindern. Diese Methode ist jedoch sehr unsicher, weil vor der Ejakulation schon Spermien austreten können.

90 Vgl. Dietrich, Helga, Hellmann, Birgitt (Hg.): Wunschkind und Verhütung - Alternative, natürliche und konservative Wege - Möglichkeiten und Grenzen, botanische Exkurse und praktische Hinweise, Albersdorf o.J.. Besonders passend zum Thema in Leseprobe: Vgl. Dietrich, Helga: Was versteht man unter einer sogenannten „Grünen Empfängnisverhütung"?. In: Ebd. S.8; S.15-16. Auszug URL: http://www.echinomedia.de/int/titel/wunschkind/auszugwk.pdf (abgerufen: 30.8.2017)

lonialisten sowie auch heute noch von den Vertretern der katholischen Kirche, als Sünde gebrandmarkt.

Auch die Anthropologin Nicole Maxwell hat mit viel Geduld und Feingefühl im peruanischen Dschungel geforscht und berichtet, dass vor allem als Verhütungspflanze ein Schilfgras, Piripiri genannt, genutzt wurde.[91] Dieses wurde in kleinen heimlichen Gärten von den Frauen selbst angebaut, die es ausnahmslos von ihren eigenen Müttern, weiblichen Verwandten oder Freundinnen erhielten. Aus den Blättern wird ein Tee gemacht und bei der ersten Menses der Mädchen getrunken; eine Dosis dieses Tees soll sechs oder sieben Jahre lang verhütend wirken. Zur Empfängnisverhütung bei ihren jungen, sexuell aktiven Töchtern sind die einheimischen Frauen der Meinung, dass beim Aufhören der Wirkung, die Mädchen reif genug für die Mutterschaft sein sollten."[92]

Von vielen indigenen Völkern wissen wir heute etwas mehr über den Reichtum von Heilpflanzen. Zum Beispiel finden wir bei den Kayapo in Brasilien eine große Vielfalt an Naturmedizin zur Fruchtbarkeitskontrolle, zur Steigerung der Fruchtbarkeit, zur Stimulierung oder Bremsung der sexuellen Aktivität, zur Kontrolle des Menstruationszyklus, zur Unterstützung der Schwangerschaft und der Geburt und nicht zuletzt Naturmedizin zur Erholung von der Geburt. Die Pflanzen werden in ebensolcher Vielfalt in den unterschiedlichsten Anwendungs-

---

[91] Vgl. Natürliche Empfängnisverhütung. In: Weitere Pflanzen. URL: http://xn--natrliche-empfngnisverhtung-okc89dva.de/weitere-pflanzen/ (abgerufen 17.6.2023)

[92] Vgl. Wie die Welt aussehen könnte…In: Natürliche Empfängnisverhütung, URL: http://xn--natrliche-empfngnisverhtung-okc89dva.de/zukunft/#vorchristlich (abgerufen 17.6.2023)

formen verabreicht.⁹³ Mit Respekt und Achtsamkeit sollte die westliche Naturheilkunde von diesem Reichtum lernen.

## Lustfreundliche Verhütung statt Profitgier

Die Auswahl an nebenwirkungsfreien und effektiven Verhütungsmitteln bei uns erscheint mir nach dem Sichten der pflanzlichen Möglichkeiten von indigenen Kulturen äußerst spärlich. Wo bleibt der wirkliche Fortschritt, wenn es für die Pharmaindustrie sowie auch für die Ärzteschaft in erster Linie um höhere Gewinne geht? Ich sehe leider bisher keine großen Anstrengungen bei der Entwicklung von sicheren Verhütungsmitteln, die weder den Frauen noch der Mitwelt schaden. Die uns unsere Sexualität ohne Sorge vor ungewollter Schwangerschaft genießen lassen.

Mit dem Wissen über Verhütung - jenseits der Anti-Baby-Pille - sieht es nach meiner Erfahrung auch bei gebildeten Menschen in unseren Breiten häufig schlecht aus. Vielfältige Informationen stehen via Internet zur Verfügung. Es mangelt

---

93 Vgl. Baack, Angelika: Antikonzeptive und phytoöstrogene Wirkungsweisen bestimmter Gewürze, Heil- und Zierpflanzen sowie pflanzlicher Lebensmittel; Diplomarbeit, Universität Jena 2006 (ISBN 978-3-8366-0217-4)

Vgl.a. Palomino, Michael: Natürliche, pflanzliche Verhütung bei den Primärnationen. In: Zitat von o.g. Buch, Kapitel 3. Stand: 2009. URL: www.med-etc.com/med/naturmed/verhuetung-u-abort/03d-naturliche-pflanzliche-verhuetung-primaernationen-S-amerika.html

Vgl.a.Pflanzliche Empfängnisverhütung. In: Natürliche Empfängnisverhütung, URL: http://xn--natrliche-empfngnisverhtung-okc89dva.de/pflanzliche-verhuetung/ (alle abgerufen 17.6.2023)

jedoch jenseits des Pharmasponserings an praktischer Aufklärung und Anleitung durch Frauenärztinnen und Beraterinnen. Medizinerinnen und Mediziner lernen während ihres Studiums wenig bis nichts über Alternativen und lehnen sie unberechtigterweise deshalb häufig als überholt, unpraktisch und zu unsicher ab.

Rühmliche Ausnahmen stellen die Frauengesundheitszentren und Pro Familia dar. Sie sind jedoch fast ausschließlich in den Großstädten zu finden.[94]

Interessant ist die Geschichte der Portiokappe[95] (Muttermund-Kappe), eine der ältesten Verhütungsmethoden überhaupt. Sie wird tief in die Vagina eingeführt und saugt sich direkt am Gebärmutterhals fest. Die Kappe ist einfach anzuwenden und bei richtiger Anwendung so sicher wie die Pille. Sie ist in den seltensten Fällen weder für die Frau noch für den Mann beim Koitus zu spüren. Bevorzugt wurden über Jahrhunderte in verschiedenen Kulturen halbierte Zitrusfrüchte am Muttermund aufgebracht, mit dem Vorteil, dass Zitronensäure spermienabtötend wirkt und die halbe Frucht eine Barriere bildet. Anfang des letzten Jahrhunderts war die Kappe mit über fünfzig Modellen aus verschiedenen Materialien[96] die

---

94 Vgl. Bundesverband der Frauengesundheitszentren e.V.:
URL: www.frauengesundheitszentren.de/BV_pub/
Vgl.a. pro familia: pro familia Einrichtungen-bundesweit.
URL: www.profamilia.de/angebote-vor-ort.html?fsize=0%20and%207%3D7
(alle abgerufen: 31.8.2017)

95 Vgl. Feministisches Frauen Gesundheits Zentrum e.V. (Hg.): Die Portiokappe - ein altes Verhütungsmittel neu entdeckt, 5.Auflage, Berlin 2002.
Bezug über FFGZ Berlin, Bamberger Straße 51, 10777 Berlin-Schöneberg, Tel.: 030 2139597, E-Mail: info@ffgz.de, URL: www.ffgz.de

96 Silber, Metall, Elfenbein, Gummi, Kautschuk oder Zelluloid

bekannteste und beliebteste Verhütungsmethode in Deutschland. Heute gibt es lediglich ein Modell im Handel.[97] Im Nationalsozialismus durfte nicht mehr für Verhütungsmittel geworben werden. Die Forschungsergebnisse über alternatives Verhütungswissen wurden zerstört. Arischen Frauen war es verboten, zu verhüten. Es wurde „Kanonenfutter" für die Kriege benötigt. Die Verfolgten der NS-Zeit wurden häufig zur Sterilisation gezwungen. Viele der fortschrittlichen Ärztinnen und Ärzte, die Verhütungsmittel wie Diaphragma[98] oder Portiokappe propagierten und anpassten, wurden von den Nationalsozialisten zur Emigration gezwungen, verhaftet oder ermordet.

Wie kann es sein, dass im 21.Jahrhundert noch immer ein Papst - dieses Mal Franziskus - durch Südamerika, Asien und Afrika tingelt und seinen „Schäfchen" klarmachen will, dass Verhütung und Homosexualität schlimme Sünden darstellen

---

[97] Anleitung FemCap anwenden. URL: https://www.pille-danach.de/verhuetungsmethoden/femcap/
**Selbst Größe bestimmen, (leider gibt es kaum Frauenärztinnen, die dabei hilfreich sind):**
**Größe 1** (22mm): Für Frauen, die noch nie schwanger waren - **Größe 2** (26mm): Für Frauen, die schon schwanger waren, jedoch nicht vaginal entbunden haben - **Größe 3** (30mm): Für Frauen, die schon vaginal entbunden haben
**FemCap-Portiokappe kaufen, auf Größe achten!**, s.o. URL: https://menstrualcup.co/shop/contraception/femcap-cervical-cap/
Möglichst dieses Gel verwenden. URL: https://www.aponeo.de/04116596-contragel-gruen.html (alle abgerufen 17.6.2023)

[98] Das Diaphragma wird zwischen die Scheidenwände eingeklemmt. Es dient lediglich als Halterung für das spermienabtötende Gel. Nach jeder Ejakulation muss Gel erneut appliziert werden. Das ist ein großer Nachteil besonders auch bei oralem Sex: Jede oder jeder, die oder der schon einmal Verhütungsgel geschmeckt hat, wird diese Erfahrung gemacht haben. Bei manchen erzeugt es eine vorübergehende Taubheit der Zunge.

und sie deshalb strikt verboten sind? Zynischer Weise verbreitet er diese Moral in Gegenden, die unter großer Armut und Überbevölkerung leiden. Und dann spricht er auch noch von „ideologischer Kolonialisierung", wenn nicht alle brav mitmachen wollen.[99] Dabei wissen wir doch mittlerweile zur Genüge, wie gerade die katholische Kirche über Jahrhunderte bei der Ausrottung von Menschen und Kulturen in den Kolonien beteiligt war. Die Autorin Doris Wolf schreibt dazu: „Missionare stellen eine der größten Gefahren für die Kultur der indigenen Völker dar. [...] In den ersten 150 Jahren nach der Eroberung ‚im Namen Gottes' durch die Spanier starben 100 Millionen Menschen – der ‚größte Völkermord aller Zeiten!' (Publik-Forum 31.5.1991) [...] Laut Papst Johannes Paul II. ist der Völkermord in Südamerika eine ‚glückliche Schuld, da auf diese Weise auch der katholische Glaube dort Fuß faßte!' (Spiegel special Nr. 3/2005, S. 91). Glückliche Schuld? Eine ungeheuerliche Aussage."[100]

Welch ein Lügengespinst tischen uns die Religionsanhänger noch immer auf? Sie predigen die Nächstenliebe als einen hohen moralischen Wert. Gleichzeitig sind sie an der weltweiten Verbreitung von Gewalt und Elend beteiligt. Besonders in Gesellschaften, die behaupten, es gäbe nur einen einzigen Gott. Und zwar genau den, an den sie glauben, und dieser sei der

---

99 Vgl. ZEIT ONLINE, dpa, AP, mp: Papst verteidigt Verbot von Pille und Kondom. In: ZEIT ONLINE. Stand: 20.1.2015. URL: www.zeit.de/gesellschaft/zeitgeschehen/2015-01/papst-franziskus-verhuetung (abgerufen: 31.8.2017)

100 Wolf, Doris: Beispiel Lateinamerika. In: Die Verbrechen der christlichen Kolonisierung. URL: www.doriswolf.com/wp/die-graeuel-der-christlichen-kolonisierung/ (abgerufen: 31.8.2017)

einzig Wahre.[101] Menschen benutzen die Religionsauslegung, um andere Menschen zu unterdrücken. Inquisition und Hexenverbrennung, Zwangsehe und Ehrenmorde, Genitalverstümmelung bei Mädchen, Vorhaut-Amputation bei Jungen sowie die Todesstrafe für Homosexuelle oder bei Ehebruch (vor allem wenn Frauen ihn begehen) waren und sind die brutalsten Vergehen mit Beteiligung oder im Namen von fanatischen Glaubensbrüdern und -schwestern.[102] Zu den unterschiedlichen moralischen Werten und Einstellungen von religiösen und nichtreligiösen Menschen schreibt Alfred Binder im Humanistischen Pressedienst Folgendes: „So befürworten wesentlich mehr religiöse Menschen die Todesstrafe, sind häufiger gegen Empfängnisverhütung, Schwangerschaftsabbruch und gleichgeschlechtliche Liebe. Religiöse Menschen sind eher autoritärer und intoleranter."[103]

Die Geschichte der Empfängnisverhütung zeigt deutlich, wie uns Politik, früher durch Kolonialisierung inklusive Missionierung, dann im Nationalsozialismus und heute in Form entfesselter Profitgier sowie fortwährendem menschenverachtenden Religionsfanatismus, bis in unsere intimsten Angelegenheiten nachteilig beeinflussen kann. Kurzum wie das Politische zum Privaten wird.

---

101 Monotheistische Religionen: Christentum, Judentum und Islam

102 Vgl. Hübsch, Khola Maryam: Die Religion ist nicht das Problem. In: FAZ-Feuilleton. Stand: 12.04.2011. URL: www.faz.net/aktuell/feuilleton/frauen-im-islam-die-religion-ist-nicht-das-problem-1625364-p3.html?printPagedArticle=true#pageIndex_3 (abgerufen: 31.8.2017)

103 Binder,Alfred: Gibt es christliche Werte & christliche Moral? In: Humanistischer Pressedienst. Stand: 13.12.2013. URL: hpd.de/node/17422 (abgerufen: 31.8.2017)

Deshalb ist es nach wie vor wichtig, sich Wissen aus vertrauenswürdigen Quellen anzueignen. Naturmethoden aus aller Welt zu untersuchen und altes Hebammen- und Hexenwissen zu aktivieren. So können wir uns in sinnvoller Weise gegen den lebenszerstörenden Renditewahn wehren.

## lea®contraceptivum und die „(Ohn-)Macht" des Geldes

Mit einem Verhütungsmittel, was mindestens ein Jahr benutzbar war und was zudem noch sehr wenig Verhütungsgel in der Anwendung benötigte, kann nur wenig Gewinn erzeugt werden. Genauso eine Portiokappe war lea®contraceptivum, die circa zwanzig Jahre auf dem deutschen Markt erhältlich war. Eine kleine Firma hatte diese Kappe in Lizenz hergestellt. Nach einigem Rechercheaufwand fand ich heraus, dass in Folge des Brustimplantate-Skandals Produkte mit Silikon verschärft kontrolliert und zertifiziert werden. Die aufwendige Zertifizierung konnte sich die kleine Herstellerfirma nicht leisten. Deshalb wurde lea®contraceptivum nicht weiter produziert. Obwohl das viele Frauen sehr bedauern und einige auch schon bei dieser Firma vorstellig geworden sind. Ein trauriges Beispiel dafür, wie ein menschen- und mitweltfreundliches Produkt aus finanziellen Gründen vom Markt verschwindet.

## Notwendige Verhütungsalternativen von giftig bis unpraktisch

Aus den genannten Gründen werden sehr bewährte Verhütungsmittel (wie die Portiokappe oder pflanzliche Mittel) nicht genügend erforscht, nicht beworben und es werden keine Beraterinnen ausgebildet. Stattdessen verschreiben Ärztinnen Hormonpillen, deren Gifte ununterbrochen in unsere Körper und unsere Umwelt eingreifen. Die Anti-Baby-Pille soll Geschlechtsverkehr zu jedem Zeitpunkt ermöglichen und verursacht bei vielen Frauen Lustlosigkeit. Ein Paradoxon, das der Rendite-Generierung der Pharmakonzerne nicht im Wege steht. Schon deshalb nicht, weil sie aktuell wiederum an luststeigernden Mitteln auch für Frauen forschen und damit neue Gewinne wittern.

Mittlerweile sind unsere Meere und Flüsse neben vielen anderen Chemikalien auch mit Hormonen verseucht, sodass nachweislich große Teile der Fischbestände unfruchtbar geworden sind. Die Vermutung besteht, dass die Ursache des Rückgangs der männlichen Fruchtbarkeit ebenso in den Chemiecocktails unserer Gewässer liegen könnte.[104]

Nebenwirkungsfreie Verhütungsmöglichkeiten sind alle Methoden, welche die fruchtbaren und unfruchtbaren Tage bestimmen. Das verlangt Disziplin und Konsequenz. Günstig ist es, in der fruchtbaren Zeit Portiokappe, Diaphragma oder Präservativ zu benutzen.

---

[104] Vgl. Internationale Kommission zum Schutz des Rheins (IKSR) (Hg.): Auswertungsbericht Östrogene. In: Bericht Nr. 186. Stand: 2010.
 URL: https://www.iksr.org/fileadmin/user_upload/DKDM/Dokumente/Fachberichte/DE/rp_De_0186.pdf (abgerufen 17.6.2023)

Als hormonfreie Methoden mit wenigen Nebenwirkungen werden Kupferspirale, Kupferkette oder Kupferperlen-Ball genannt. Diese verhindern lediglich das Einnisten von befruchteten Eiern, nicht die Befruchtung selbst, welche im Eileiter stattfindet. Es besteht dadurch die Möglichkeit, dass es jeden Monat zu einem Schwangerschaftsabbruch kommen kann, der zu hormonellen Schwankungen und in deren Folge zu Stimmungsschwankungen führen kann.

Verhütung ist die Verantwortung von Mann UND Frau, die BEIDE zu klären haben, und zwar VOR dem Sex. Wenn es notwendig ist, sollte zusätzlich ein Kondom benutzt werden, um sich vor Infektionen zu schützen. Erst mit der Sicherheit vor ungewollter Schwangerschaft und vor sexuell übertragbaren Krankheiten kann der Geschlechtsakt wirklich entspannt genossen werden.[105]

---

[105] Übersicht Verhütungsmethoden: Vgl. familienplanng.de: Verhütungsmethoden. In: Bundeszentrale für gesundheitliche Aufklärung. Stand: 2017. URL: www.familienplanung.de/verhuetung/verhuetungsmethoden (abgerufen: 31.8.2017)

# Auf der Suche nach Halt

## Elsa erzählt von Sehnsucht und Abhängigkeit

Udo, meine große Liebe, hat mich vor wenigen Wochen verlassen. Ich habe ihn abgöttisch geliebt und trotz allem, was passiert ist, liebe ich ihn noch immer! Das innere Mantra „Udo kommt zurück" ist kaum zu stoppen. Aus tiefster Seele hoffend, dass er eines Abends wieder vor meiner Tür steht. So wie vor drei Jahren schon einmal, als er sich von seiner Ehefrau getrennt hatte. Endlich war mit Udo einer da, an dem ich mich festhalten konnte! Nach all dem Chaos vorher in meinem Leben - und nach einem Partner, der mich einige Male krankenhausreif geschlagen hatte.

Ich liebte Udo schon, seit wir vor einigen Jahren Tür an Tür in dem Studentenhaus wohnten und er noch verheiratet war. Wie sehr habe ich Beate damals beneidet, mich oft an ihre Stelle gesehnt.

Udo ist Arzt und zehn Jahre älter, ich Krankenschwester. Als wir noch in der Ausbildung waren, haben wir oft zusammen gelernt. Er kann selbst die schwierigsten medizinischen Zusammenhänge nachvollziehbar erklären. Das mag ich ganz besonders an ihm. Ein Arzt, der nicht arrogant ist, eine echte Ausnahme neben all den anderen Schnöseln im Krankenhaus. Die meisten Ärzte sehen auf uns junge Schwestern herab, nehmen uns nicht die Bohne ernst. Diejenigen von uns, die attraktiv aussehen, werden gnadenlos angebaggert. Die weniger Hübschen werden herabwürdigend hochgenommen. Udo ist natürlich ganz anders - freundlich, zugewandt, respektvoll. Er nimmt jeden ernst, hat für jeden ein offenes Ohr. Auch die Patienten und besonders die Patientinnen lieben ihn dafür sehr.

Und dann dieser Bruch. Udo schüttete mich mit Offenbarungen zu, die ich nicht hören wollte. Er versuchte mir klarzumachen, dass er wirklich nicht der Richtige für mich sei. Als erstes teilte er mir mit, dass die häufigen Nachtdienste nur vorgeschoben waren. Er hatte die Zeit bei Prostituierten verbracht. Allein von dieser Information fühlte ich meine Liebe bis ins Mark beschämt. Warum hatte er mir nicht in Ruhe gezeigt, wie das mit dem Sex befriedigender laufen konnte? Ich war doch noch so jung und so unsicher.

Einmal wollte Udo mit mir auf seinem Schreibtisch vögeln. Das fand ich ziemlich komisch, wo unser Bett doch direkt im Zimmer nebenan stand. Na ja, ich hab gekichert und ihn veralbert. Das bisschen Erotik war dann ganz schnell futsch. Einen Orgasmus zu bekommen, war mühsam für mich, hatte viel mit „müssen" zu tun. „Zu Kommen" war sowieso nur möglich, wenn Udo es mir mit der Hand machte. Das dauerte oft ziemlich lange. Und es wurde dann meist durch den zeitlichen Druck zunehmend schwieriger, mich fallen zu lassen.

Manches Mal fand ich auch Glibberiges am Handtuch. Ich machte Udo dann Vorwürfe, doch er redete sich irgendwie heraus. Für mich war seine Selbstbefriedigung damals Verrat an unserer Liebe. Eine unter vielen anderen Unehrlichkeiten und Heimlichkeiten, über die wir nicht offen sprachen. Heute kann ich respektieren, dass Selbstbefriedigung in einer sexuellen Beziehung nicht automatisch einen Verrat darstellt. Solo-Sex bietet die Möglichkeit - ohne Ablenkung durch die Partnerin oder den Partner - eigene Bedürfnisse, den eigenen Körper und das eigene Tempo in Ruhe sexuell zu erforschen.

Ein anderes Mal trank ich, in der Annahme es sei Wasser, aus einer Sprudelflasche und dann war es seine Pisse. Wie eklig! Er sagte, er sei zu müde gewesen, um ein Stockwerk tiefer zum Klo zu gehen. Ich versuchte es zu glauben und wollte mich nicht anstellen. Ich wollte auch nicht zeigen, wie überfordert ich war.

Es kam dann noch viel schlimmer! Ich hatte das Gefühl, in einen tiefen Tunnel gezogen zu werden. Ins dunkelste Schwarz, das ich je gesehen hatte. Er würde sich manches Mal von oben bis unten mit Kot einschmieren und den Kot essen. Er finde das dann hinterher auch ekelig. In dem Moment sei das eine Sucht und er könne nichts dagegen tun. Bei solchen Aktionen war ich zum Glück nicht dabei! Obwohl es mir vielleicht geholfen hätte, ihm nicht so lange nachzuhängen, wenn ich ihn bei so etwas Ekelhaften überrascht hätte. Für mich unfassbar, das alles! Wo er doch so gepflegt wirkte und so gut roch. Keine Ahnung, was da in seinem Kinderleben schief gelaufen war. Wobei, wenn ich mir seine kühle, überhebliche Mutter vorstelle, gab es für ihn sicher hauptsächlich Regeln und Strenge, wenig echte Zuwendung. Wenn ich Frau Pöllmann so vor mir auftauchen lasse, dann kann ich mir auch vorstellen, mit welcher Gnadenlosigkeit die Sauberkeitserziehung von Udo stattgefunden hat. Sexsüchtig sei er auch. Oft, auch während seines Dienstes (zum Teil bis zu zehn Mal am Tag), müsse er immer wieder zur Toilette, um zu onanieren.

Außerdem hatte Udo schon monatelang - obwohl wir noch zusammen wohnten - eine andere Freundin. Delia, die wir aus der Bürgerinitiative gegen Atomkraft kannten. Delia ist zwanzig Jahre älter als ich. Sie hatte schon etwas Erfahrung mit Psychotherapie. Udo meinte, dass er sich bei ihr aufgehoben fühle, dass er mehr so sein könne, wie er wirklich sei.

So unglaublich, das alles! Ich bin total geschockt und kann das meiste nicht wirklich verstehen. Dieser liebevolle Mann, der mir mit seiner freundlichen und respektvollen Art so gut gefällt. Und dann in diese Abgründe zu blicken, da mit hineingezogen zu werden - wie soll ich das bloß überstehen? Irgendetwas in mir, was sich wie Glas anfühlt, zerbricht.

Sogar dieses, sein Elend, seine Süchte, versucht er mir nachvollziehbar zu erklären und deswegen treffen wir uns - trotz Trennung - immer wieder. Ja natürlich, er hat ein total schlechtes Gewissen. Er schenkt mir den gesamten Hausrat, einschließlich der alten, wirklich schönen Antiquitäten aus seinem Elternhaus. Und überlässt mir das Bankkonto mit fast zehntausend DM. Auch der 2CV wandert in meinen Besitz, obwohl ich noch gar keinen Führerschein habe. Die vorherige Wohnungseinrichtung hatte er seiner Ehefrau Beate überlassen, als er sie mit mir betrogen hatte.

Udo will weiter mit mir befreundet sein. Und ich will ihn zurück haben. Wenn Delia all diese Widerlichkeiten akzeptieren kann, dann will ich das auch können. So denke ich in meiner jugendlichen Unerfahrenheit.

### Fäkalien als Erregungsstimulanzien

Udo litt u.a. an Koprophilie[106], einer speziellen sexuellen Vorliebe, bei der Kot als Erregungsstimulanz (zum Beispiel durch das Einreiben des eigenen oder eines fremden Körpers) eingesetzt wird. Bei ihm kam, neben der Hypersexualität, eine Koprophagie hinzu, also die Neigung Erwachsener, Exkremente zu essen sowie eine Urophilie (die sexuelle Vorliebe für Urin).

Im Gegensatz zu Udo gibt es Menschen, die diese sexuellen Stimulierungen nicht als krankhaft ansehen und dementspre-

---

[106] Vgl. Koprophilie. In: DocCheckFlexikon. Stand: 5.2.2016. URL: https://flexikon.doccheck.com/de/Koprophilie (abgerufen 23.6.2023)

chend nicht darunter leiden. Koprophilie findet auch in der SM-Szene statt. Sie bietet als tabuisierte Sexualpraktik einen Markt für die Pornoindustrie. Gesellschaftlich werden diese Praktiken abgelehnt und deshalb wird kaum darüber gesprochen. War es von Udo also mutig, seinen Partnerinnen davon zu berichten? Offenbar tat er das nicht, um sie in diese sexuellen Handlungen mit einzubeziehen. Oder wollte er die Frauen damit schockieren? Wollte er sie testen, um zu sehen, ob er auch dann noch geliebt wird? Letzteres ist ihm gelungen, weil beide Frauen ihn trotz seines speziellen Sexualverhaltens nicht grundsätzlich ablehnten.

Nach Elsas Aussagen wird offensichtlich, dass Udo unter seinen sexuellen Obsessionen litt und sich deshalb bei der älteren, schon etwas therapieerfahrenen Delia besser verstanden und aufgehoben fühlte. Inwieweit er seinen Leidensdruck durch Therapie lindern konnte, entzieht sich unserer Kenntnis.

Diese Form der Störungen der Sexualpräferenz ist wenig erforscht. Die Ursachen werden in den ersten drei Lebensjahren im Zusammenhang mit der Sauberkeitserziehung vermutet. Rechtlich stellen diese Obsessionen keinen Straftatbestand dar, weil niemand direkt geschädigt wird.

## Nach dem Rock'n'Roll - Elsa stürzt ab

Udo spielt wunderbar Klavier, alles von Klassik bis Jazz. Wen wundert's? Ein Sprössling aus einem großbürgerlichen Haus, aus einer alteingesessenen, katholischen Ärztefamilie - musikalische Bildung inklusive. Wir gehen zu einem Jerry Lee Lewis Konzert. Den finden wir beide toll. Wenn er so richtig loslegt, dann haut er einen seiner Hacken zusätzlich aufs Klavier und spielt quasi wie mit einer dritten Hand. Es ist ein wunderbarer Abend, ich bin glücklich an Udos Seite. Wir tanzen natürlich Rock'n'Roll zu dem akrobatischen Spiel von Jerry Lee Lewis. Und wir kommen uns wieder näher - trotz all der Scheiße, von der ich ja jetzt weiß und die ich gerade erfolgreich verdränge. Ich klebe an der absurden Hoffnung, dass sich dieser verstörte Mann, als mein Prinz zurück in mein Leben beamen wird. Nach dem Wahnsinnskonzert will ich natürlich die Nacht mit Udo verbringen. Doch er setzt mich ziemlich kühl bei den Bekannten ab, wo ich nach der Trennung untergekommen bin. Für ihn ist der Zauber offenbar vorbei. Für mich überhaupt nicht! Ich bin völlig verzweifelt, habe das Gefühl, dass ich ohne ihn nicht weiterleben kann. Ich falle wieder in einen Abgrund, tiefer und tiefer, in ein dunkles Loch.

Der „fürsorgliche" Udo hatte mir, weil ich schon länger schlecht schlafe, eine Klinikpackung Schlaftabletten besorgt. Wie in Trance, ohne wirklich zu verstehen, was ich tue, nehme ich so viele (vermischt mit Apfelmus), wie ich herunter würgen kann. Dieser grässliche Schmerz soll aufhören, jetzt sofort! Den größten Teil der Tabletten erbreche ich, sonst hätte ich nicht überlebt. Udo findet mich am nächsten Morgen. Wir sind verabredet! Er lässt mich in die Notaufnahme UNSERER Klinik einweisen.

## Elsas Rettung aus dem Schlaftabletten-Nebelland

Da wurde mir der Magen ausgepumpt, wie ich später erfahren habe. Zwei Tage war ich im Schlaftabletten-Nebelland versunken. Als ich wieder aufwachte, war mir eisig kalt. Mehr weiß ich nicht. Udo holte mich aus der Klinik ab und drohte mit Zwangseinweisung in eine Psychiatrie, falls ich noch einmal versuchen sollte, mich umzubringen. Wie ein Lauffeuer ging mein Suizidversuch in der Klinik herum. Welch eine zutiefst beschämende Situation. Ich erntete mitleidige bis böse Blicke. Wie konnte ich dem wunderbaren Dr. Pöllmann nur so etwas antun?

Zum Glück gab es eine einfühlsame Hausärztin, die mich etwas unter ihre Fittiche nahm. Die mir geholfen hat, das alles ohne erneute Selbstmordversuche zu überstehen. So lange wollte ich nicht wahrhaben, dass Udo nicht zu mir zurückkommen würde. Beziehungsweise dass es überhaupt nicht gut für mich wäre, wenn er es tun würde. Bis mich dann ein Therapeut aus der Free-Clinic[107], dem ich diese Symbiosewünsche[108] schon häufig vorgejammert hatte, streng anfuhr. Und er mich fragte, wie ich eigentlich darauf komme, dass ausgerechnet Udo und ich zusammen gehören würden? Nach all dem, wie es total verfahren und schwierig für mich war. Danach wurde mir ein bisschen leichter.

Trotzdem träumte und fantasierte ich noch oft von Udo und manches Mal traf ich ihn auch. Wir hatten sogar noch ab und zu Sex. Danach war ich dann wieder für viele Wochen in dieser Sehnsucht nach ihm gefangen.

Jahrzehnte später hatte ich einen sehr schönen Traum von Udo, in dem wir zärtlich verbunden waren. Sich alles leicht und friedlich anfühlte. Und wir mit seiner Mutter zum Kaffee

---

107 Die Free-Clinic Heidelberg wurde 1972 gegründet und gilt als das älteste selbstverwaltete Alternativprojekt im deutschen Gesundheitswesen. Das in Heidelberg ansässige Projekt besteht als psychosoziale Beratungsstelle bis heute fort.
Vgl. Geck, Karl (Hg.): Free-Clinic Heidelberg: alternative Jugendarbeit in Selbstorganisation, 3. Auflage, Hattersheim/Main 1975

108 Symbiose bedeutet allgemein das Zusammenleben zum gegenseitigen Nutzen. In der Psychologie wird Symbiose meist in einem negativen Kontext für „ungesunde" Abhängigkeiten zwischen Menschen verwendet.

verabredet waren. Danach versuchte ich, die aktuelle Adresse von Udo heraus zu finden. Ich fand die seiner Mutter (sie lebte noch immer an dem Ort, in dem riesigen Haus, das ich kannte), einundneunzig Jahre alt und bei relativ klarem Verstand. Sie konnte sich zwar nicht mehr an mich erinnern, gab mir jedoch bereitwillig Auskunft über alles Mögliche. Erst auf mein Nachfragen erzählte sie emotionslos, dass Udo schon vor einigen Jahren an einem Asthmaanfall gestorben sei. Er als Arzt, an einem Asthmaanfall gestorben? Das konnte ich nicht glauben. Meine Intuition sagte mir, dass er sich selbst getötet hatte. Die Mutter erzählte auch noch, dass er bis an sein Ende mit Delia zusammengelebt hatte.

Nach diesem Traum hatte ich das Gefühl, dass Udo sich von mir verabschiedet hat. Und dass diese schmerzhafte Geschichte mit ihm in mir endgültig in Frieden gekommen ist. Möge auch er in SEINEM Frieden ruhen.

## Die Unterdrückung der Lebendigkeit

„Die seelischen Krankheiten sind Ergebnisse der gesellschaftlichen Sexualunordnung. Diese Unordnung hat seit Jahrtausenden die Funktion, die Menschen den jeweils vorhandenen Seinsbedingungen psychisch zu unterwerfen, die äußere Mechanisierung des Lebens zu verinnerlichen. Sie dient der seelischen Verankerung der mechanisierten und autoritären Zivilisation durch Verunselbständigung der Menschen."[109]

Wenn wir Elsa, Udo und seine Mutter anschauen, dann scheint die obige Beschreibung von Wilhelm Reich stellvertretende Protagonisten gefunden zu haben. Eine frustrierte und lustfeindliche Mutter, für die der äußere Schein große Bedeutung hatte. Obwohl im gesamten Familienumfeld als offenes Geheimnis bekannt, ertrug sie die Seitensprünge ihres Ehemannes stoisch. Sie tat als Einzige so, als ob sie nichts davon wisse. Der kleine Udo sollte auf keinen Fall so werden, wie sein Vater. Das war ihr Lebensziel. Das versuchte sie mit Manipulation und Repression zu verwirklichen. Udo sollte das Lebenselixier seiner Mutter sein - Mamas unschuldiger Liebling.

Ebenso wie sein Vater hatte Udo eine starke sexuelle Dynamik, die er auf keinen Fall zeigen durfte. Udo kontrollierte sehr früh seine sexuellen Impulse, versuchte sie mit Leistungsschwimmen „wegzusporten". Was auch funktionierte, bis er während des Studiums und seiner Arbeit als Arzt viel weniger Zeit dafür hatte. Dann brach sein lange unterdrückter innerer Drang in Form von sexuellen Störungen stärker an die Oberfläche. Die Heimlichkeiten (ähnlich wie beim Vater) vergifteten viele Jahre Udos Leben. Er landete in einer zwanghaften Schleife aus Sucht und Schuld - aus der er sich, nach Elsas Vermutung, mit einem Selbstmord „befreite".

---

[109] Reich,Wilhelm: Die Funktion des Orgasmus: Die Entdeckung des Orgons. Sexualökonomische Grundprobleme der biologischen Energie, Köln 1969, S.15 ff.

Vgl. Fischer, Jürgen: Wilhelm Reich - Der universale Forscher des Lebendigen. In orgon.de. URL: www.orgon.de/wilhelm-reich/ (abgerufen: 31.8.2017)

Elsa suchte verzweifelt nach Halt und Geborgenheit bei verschiedenen Männern. Die waren jedoch zum Teil unter dem Slogan „Wer zweimal mit derselben pennt, gehört schon zum Establishment" unterwegs. Der zehn Jahre ältere Udo wirkte da auf sie verlässlicher. Sie verband sich mit ihm in einer tiefen seelischen Abhängigkeit. Das verwechselte sie mit der Liebe, nach der sie sich schon in der Familie gesehnt hatte. Als diese Beziehung scheiterte, verlor Elsa ihren Halt und ihren Lebenswillen. Sie hatte sich so sehr nur auf Udo konzentriert, dass es ihr vorkam, als ob sie mit Udo auch sich selbst verlieren würde. Sie wollte nicht weiter in diesem Meer aus Einsamkeit versinken - einer der Hintergründe für den Suizidversuch im Affekt. Der Auslöser war die vollkommen unrealistische Einschätzung, dass Udo zu ihr zurückkehren würde, getragen von ihrer riesigen Sehnsucht nach Angenommensein. Von daher war es ein sehr langwieriger Prozess für sie, sich wieder aus dieser Beziehung zu befreien. Das gelang ihr mit therapeutischer Unterstützung. Heute sagt sie, dass sie großes Glück hatte, damals professionelle Hilfe gefunden zu haben. Diese Begegnungen hätten ihr das Leben gerettet.

Wilhelm Reich bezeichnete diesen Mechanismus der Repression von Gefühlsimpulsen als „emotionale Pest"[110]. In diesem Modell werden Menschen beschrieben, die in erstarrten Körpern leben, zusammengezogen bis in die tiefsten Muskelfasern, bis in die inneren Organe. In denen all das Leid und der Schmerz der Unterdrückung jedes selbstgesteuerten Impulses verborgen feststeckt. Viele dieser Menschen erleben sich gefangen in dem Kampf zwischen Hingezogensein zu liebe-

---

110 Vgl. Vonier, Hannelore: Emotionale Lebendigkeit und die emotionelle Pest. In: RETTE SICH, WER KANN! - Transformationsblog. Stand: 3.8.2012. URL: rette-sich-wer-kann.com/lebendig-gesund/emotionale-lebendigkeit-und-die-emotionelle-pest/ (abgerufen: 1.9.2017)

voller Nähe und der Angst vor Enttäuschung, die sie schon so oft erlebt haben. Der Frust, die Wut und der Hass über die tatsächliche oder vermeintliche Verletzung werden mit zusammengebissenen Zähnen - in einem Klima von Aggression, Depression oder Schuld - unter der Oberfläche festgehalten. Wenn diese Schutzmauern durch besonders schwerwiegende Ereignisse zerstört werden, dann kann es - wie bei Elsa - zu einem seelischen Zusammenbruch mit unterschiedlichen Symptomen kommen.[111]

Alexander Lowen schrieb dann Jahrzehnte später, nachdem die sexuelle Revolution der 68er-Bewegung bereits begonnen hatte, dass wir von einer technisierten sexuellen Aufgeklärtheit sprechen können, die jedoch keine Antworten auf die Unfähigkeit zur Hingabe zeigt, sondern in Frustration und Schuldgefühlen mündet. Auch wenn die Anzahl der Möglichkeiten zu sexueller Betätigung enorm gestiegen ist, befähigt das die Menschen nicht automatisch zu einer sexuellen Reife. Um diese zu entwickeln, hatten sie als Kinder in einer unfreien Gesellschaft nie die Gelegenheit.[112] Das tief verinnerlichte Verbot, die eigenen Bedürfnisse wahrzunehmen und sie angemessen auszudrücken, besteht weiter. Häufig entsteht eine emotionale Kälte und Distanziertheit gegen sich selbst und andere. Diese Abwehrmechanismen verstärken die Trennung von Liebe und Sexualität. Und sie können ihr Ventil in sexueller Gewalt gegen Schwächere finden. Dann werden sexuelle Handlungen zu einem Akt der Macht statt zu einem Akt der Liebe.

---

111 In der Psychologie wird dieser Zusammenbruch als psychische Dekompensation bezeichnet. Schwerwiegende Folgen können Selbstverletzung wie Selbstmord, Fremdverletzung wie Amoklauf oder Mord, Wahnvorstellungen oder auch schwere Depressionen sein.

112 Vgl. Lowen, Alexander: Liebe und Orgasmus, München 1980, S. 9 ff.

Sexuelle Erfüllung ist also nicht durch verfeinerte sexuelle Techniken zu erreichen. Sexualität ist ein Bestandteil unserer Gesamtpersönlichkeit. So wie wir gehen, essen, und arbeiten, so leben wir auch unsere Lust und unsere Liebe. Wen wundert es dann, wenn alle natürlichen Bedürfnisse in einem Zwangskorsett eingekerkert sind, dass Menschen sich nicht einfach auf Knopfdruck in einem fulminanten Höhepunkt hingeben können? Früher bestanden die Streben des Korsetts noch stärker aus Moral und der kruden Vorstellung von Anstand. Heute bestehen die Unterdrückungsmechanismen aus Leistungsdruck, angepasstem Funktionieren und dem Nacheifern einer Scheinwelt. In der jede Falte und jedes Gramm Fett, jede angebliche Unperfektheit Makel darstellen, die dringend ausgemerzt werden sollen. Und wo dann geldgierige Geschäftemacher schon bereit stehen, die scheinbar perfekte „Plastikwelt" wieder herzustellen. Häufiges Scheitern inklusive.

Viagra, die blaue „Potenzpille", macht einen harten Penis, der in einem festgelegten Zeitrahmen mechanisch entladen werden muss. Als Nebenwirkung können irreversible Sehstörungen[113] auftreten (nicht sehen können auch im doppelten Wortsinn). Egal, Hauptsache der Schwanz steht. Statt zu fühlen, warum keine Erektion möglich ist, Pille rein, Problem weg, Leistung da. Ganz gleich, welche Nebenwirkungen dann den gesamten Kerl in die Knie zwingen. Es gibt jedoch auch Viagra-Alternativen, die dem einen oder anderen Mann even-

---

113 Vgl. arznei-telegramm: Blind durch Sildenafil (Viagra)?. In: Informationsdienst für Ärzte und Apotheker - neutral, unabhängig und anzeigenfrei. Stand: 12.4.2002. URL: www.arznei-telegramm.de/zeit/0204_b.php3 (abgerufen: 1.9.2017)

tuell helfen. [114] Aus tiefenpsychologischer Sicht ist es hilfreicher nach den Ursachen zu forschen.

Wer kann in solch einem gesellschaftlichen Klima bei sich selbst, dem eigenen Körper, den eigenen sexuellen Bedürfnissen ankommen und ihnen vertrauen?

Doch das Leben gebiert, hinterlässt Flecken, Falten und Narben, blutet[115], riecht gut oder schlecht, tobt und weint, ist unperfekt perfekt und am Ende wird schwer oder leicht gestorben. Weit entfernt von dieser Werbe-Sauberkeit, die Tag und Nacht in unsere Köpfe eingehämmert wird.

Aus diesen gesellschaftlichen Normen auszusteigen und bei sich selbst anzukommen, das ist schwierig, weil wir so gerne dazugehören wollen. Doch es gibt immer mehr Menschen, die sich auf den Weg gemacht haben. Denen das Sein wichtiger ist als der Schein. Die es schaffen, Konsum und Sucht zu verweigern. Die es schätzen, in Achtsamkeit und Muße zu leben. Anstatt gierig dem Geld hinterherzuhecheln. Die den mutigen Versuch starten, sich so anzunehmen, wie sie sind. Die sich verweigern, im Selbstoptimierungswahn in den Zusammenbruch zu taumeln. Auch mit ihnen, die eine weniger homogene Masse darstellen, können wir uns identifizieren.

---

114 Vgl. Michaela Axt (mit Zachary Veilleux): Die 5 besten Viagra-Alternativen für Männer. In: Men's Health. Stand 13.1.2023. URL: https://www.menshealth.de/potenz/natuerliche-potenzmittel/ (abgerufen: 16.6.2023)

115 Vgl. Hummitzsch, Thomas: "Weiblichkeit wird sexualisiert und muss immer rein und sauber sein". In: Humanistischer Pressedienst. Stand: 18.2.2017. URL: hpd.de/artikel/weiblichkeit-wird-sexualisiert-und-muss-immer-rein-und-sauber-sein-14429 (abgerufen: 1.9.2017)

## „Orgas-muss" oder „Orgas-muße"?

### Ein besonderes Geschenk zu Elsas 21. Geburtstag

Heute werde ich einundzwanzig Jahre alt. Ja, wirklich alt, so fühle ich mich. So viel ist schon in meinem Leben passiert. Oft fühle ich mich ausgelaugt, unverbunden, einsam.

Dass ich neuerdings mit Lola in einem Haus wohne, tut mir ganz gut. Sie ist lebenslustiger und einige Jahre älter als ich. Auf jeden Fall wirkt sie schon erfahrener mit dem „In der Welt zurecht kommen". Und sie hat mich animiert, diesen Geburtstag zu feiern, will mich dabei unterstützen. Besonders heute gibt sich Lola große Mühe, meine Traurigkeiten zu vertreiben. Sie hat die letzten Tage schon häufiger Andeutungen gemacht, dass sie eine Überraschung für mich habe. Mein erster Gedanke ist: Vielleicht ein schönes Hemd? Meine Lieblingskleidungsstücke sind übergroße alte Herrenhemden vom Flohmarkt aus schönen festen Baumwollstoffen. Doch was sich Lola - diese wunderbare Freundin - hat einfallen lassen, keine Ahnung?!

Wir feiern in Lolas Wohnung, auch das gehört zu ihrem Geschenk. Neben einigen anderen hat sie auch Rudolf eingeladen. Er ist fast doppelt so alt wie ich, ein linker Journalist hier aus der Stadt. Ihn hatten Lola und ich vor einigen Wochen getroffen. Ich hatte ihr verraten, dass ich Rudolf attraktiv finde. Lola hat ein gutes Gedächtnis für die Wünsche ihrer Freundinnen. Das ist eines von vielem, was ich an ihr schätze.

Der Abend feiert sich dahin. Weder von Lola noch von Rudolf habe ich bis jetzt ein Geschenk erhalten. Kurz vor Mitternacht nehmen mich die beiden diskret zur Seite und erklären mir: „Rudolf ist das Geschenk für dich!". Plötzlich verstehe ich, warum er eine übergroße rote Schleife um seinen Hals trägt. Wie süß! Zu fragen, ob ich Lust habe, die Nacht mit ihm zu verbringen, ist natürlich nicht notwendig. Das finde ich wirklich klasse! Lolas Idee! Was für ein verrücktes Huhn!

Als erfahrener Mann beschert Rudolf mir eine wunderbare Nacht und mit seinem etwas dickeren Bauch den ersten Orgasmus beim Vögeln![116] Was für ein originelles Geschenk! Und ich habe die ganze Zeit nicht ein einziges Mal an Udo gedacht!

## Was ist ein Orgasmus?

Starkes Verlangen und Begehren, die Lust auf Sex, wird bei Frauen häufig als ein sanftes, kribbelndes Ziehen im Dammbereich, in der steifen Klitoriseichel, der Scheide, manchmal bis zur Gebärmutter, zu den Eierstöcken hoch und hinunter zu den Innenseiten der Oberschenkel, wahrgenommen. Bei den Männern fließt Blut ins Glied. Es schwillt zu unterschiedlicher Größe an. Es entsteht ein lustvolles Ziehen in den Hoden, hin zum Damm, auch zu den Beinen. Weibliche und männliche Brustwarzen werden spürbar, werden hart. Die Körper öffnen sich in der vermehrten Durchblutung, nicht nur begrenzt auf die Genitalien. Die Lust strebt mit der Hitze des Blutes nach Befriedigung, nach Hingabe, nach Verströmen, nach Erlösung im Orgasmus.

Im der deutschen Sprache kann mensch im Wort Orgasmus das „Muss" hören - sehr kontraproduktiv. Einen Orgasmus haben müssen, verhindert diesen in der Regel. In der heutigen Zeit, in der jedes Tun auf Erfolg hin messbar sein soll, ist es

---

[116] Durch den dickeren Bauch von Rudolf wurde die Klitoris von Elsa stimuliert und so konnte sie auch während des Geschlechtsverkehrs zum Höhepunkt kommen.

nicht verwunderlich, dass viele Menschen im sexuellen Beisammensein auf DEN Orgasmus fixiert sind. Dass sie Angst haben nicht zu kommen, zu früh zu kommen, zu spät zu kommen, nicht gemeinsam zu kommen, zu laut oder zu leise zu stöhnen.... Die Liste des „Müssens" beim sexuellen Höhepunkt ist lang. Sie führt direkt in die sexuelle Frustration.

Im Altgriechischen bedeutet Orgasmus „heftiges Verlangen". Klingt schon ein bisschen geschmeidiger. Jedoch sagt es nicht das aus, was unter Orgasmus verstanden wird. Der Orgasmus ist eine sexuelle Erregungssteigerung bis zum Höhepunkt (Punkt ohne Wiederkehr - point of no return), eventuell Entladungen in Form von Ejakulationen (sowohl bei der Frau, als auch beim Mann), Muskelzuckungen im Genitalbereich und/oder im gesamten Körper, heftig oder sanft.[117]

Mir gefällt, wenn ich aus „mus" die Muse werden lasse. Die Muse, die mich zuerst mit Sinneserregungen (äußerlich durch einen anderen Menschen und/oder mit Fantasien bei mir selbst) verführt und mir in der zweiten Phase mit Muße (stressfreier Zeit) den Raum zur Hingabe ermöglicht.[118]

Im Fachjargon wird der Orgasmus auch als „Klimax" bezeichnet. Der Begriff stammt aus dem Altgriechischen und steht für Leiter, Treppe oder Steigerung. Viel besser! Zum sexuellen Höhepunkt steige ich eine Treppe hinauf bis zum Punkt ohne Wiederkehr, wo ich in den Himmel der grenzenlosen Entspannung schweben kann. „La petite mort - der kleine Tod" wie die Franzosen sagen. Das trifft es! Gedanken ziehen

---

117 Vgl. Fischer, Jürgen: Wenn die Welle bricht.In: orgon.de, Liebe und Sexualität. URL: www.orgon.de/liebe-und-sexualität/wenn-die-welle-bricht-wilhelm-reich-und-die-funktion-des-orgasmus-eine-neubewertung/ (abgerufen: 1.9.2017)

118 Vgl. Lowen, Alexander: Liebe und Orgasmus, München 1980, S.224 ff.

lassen, den Körper fallen lassen, frei sein und für einen Moment fliegen. Nicht wissend, wo die Landung stattfindet, im Weinen oder Lachen? Wie beim Sterben?

Als DAS Zentrum der weiblichen sexuellen Lust spielt die Klitoris die Hauptrolle beim weiblichen Orgasmus. Die meisten Frauen wünschen sich sanften Druck oder Reibung, um zu kommen. An manchen Stellen der Klitoriseichel sitzen besonders viele sensible Nervenendungen. Es gibt einfache Übungen zur manuellen Stimulation des lustvollsten Quadranten der Klitoriseichel. Er befindet sich oben rechts bei Draufblick von vorne. Für die Frau von ihrem Körper aus gefühlt also der linke obere Quadrant ihrer Klitoriseichel.[119] Ohne Stimulation des Kitzlers ist bei den wenigsten Frauen ein sexueller Höhepunkt möglich.

Sigmund Freud hat offensichtlich ohne wirkliche Kenntnisse der weiblichen Sexualität die Mär von den klitoralen und vaginalen Orgasmen in die Welt gesetzt. Er sprach davon, dass Frauen zuerst – als junge Mädchen – „unreife", also klitorale Orgasmen hätten. Erst wenn sie dann Sex mit einem Mann hätten, würden sie sich zu „reifen" Frauen mit „reifen", also vaginalen Orgasmen entwickeln. Nach heutigem Wissen ist das Blödsinn, was jedoch bis heute für viele Frauen zum Nachteil gereicht, nämlich wenn nicht angekommen ist, dass es nicht um „reifen" oder „unreifen" Orgasmus geht, sondern lediglich um befriedigenden Orgasmus![120] Dieses Wissen um

---

119 Vgl. Strauss, Sandra, Nell, West: Frauen befriedigen - Geheimnisse der Klitoris neu entdeckt - Ein Sexguide für neugierige Männer, Norderstedt 2012

120 Fisch, Sabine: Orgasmus und seine Mythen. In: Sexual-Medizinische Enzyklopädie. Stand: 2.7.2016. URL: www.sexmedpedia.com/artikel/orgasmus-und-seine-mythen (abgerufen: 1.9.2017)

das Geschenk der Klitoris für uns Frauen, das hat sich in den letzten Jahrzehnten - auch zum Glück für die Männer - verbreitet.

Wilhelm Reich (WR) hat umfangreiche Forschungen zur „Funktion des Orgasmus" angestellt, die ausführlich in seinen Werken nachzulesen sind. Folgendes Zitat hat mich berührt und überzeugt, dass er wirklich gefühlt hat, was er publizierte: „Gewöhnlich bleibt der Geist in der genitalen Umarmung irgendwie abseits und das Genitalorgan erscheint irgendwie abgelöst vom übrigen Körper... Der Partner wird als ‚jemand anderes' gefühlt... WR kannte diese Art von ‚Liebemachen' seit vielen Jahren... Aber hier, zum ersten Mal... gab [es] keine Grenzlinie zwischen ihm und der Frau... Sie waren ein Organismus, so als ob sie ineinander vereint oder verschmolzen waren... Als der Orgasmus sie schließlich übermannte, brachen sie in Tränen aus... Als die süßen Wellen vorübergegangen waren, gab es immer noch eine wiegende Bewegung, wie das sanfte Schaukeln eines Bootes... Kein schlechter oder schmutziger Gedanke konnte in diesem emotionalen Zustand in ihr Bewusstsein emporsteigen. Sie waren liebenswert und liebend. Von diesem Tag an wusste WR, was und wie ‚es' war."[121]

Wilhelm Reich hatte an diesem Tag einen Geschmack davon erlebt, wieviel intensiver er eine sexuelle Begegnung und seinen Orgasmus fühlen konnte. Diese Erlebnisse waren emotional tiefer, als das, was er jemals zuvor in seiner Jugend erlebt hatte. Diese Gefühle wird Wilhelm Reich später als „orgiastische Potenz" beschreiben.

---

[121] Reich, Wilhelm: Orgonomic Functionalism. In The Silent Oberserver, Vol. 1, 1990 (Übers.: V. Knapp-Diederichs).

## Mein Orgasmus? - Ein Freund erzählt mehr

Also den einen Orgasmus, den gibt es gar nicht! Er ist wie ein Lied, ein Thema in vielen Variationen. Ich liebe dieses Gefühl, wenn ich merke, dass ich komme, und es nicht mehr stoppen kann. Etwas Wunderbares ebnet sich den Weg, und ich kann nichts mehr daran ändern, mich einfach nur noch hingeben. Es ist ein großes Crescendo. Ein angenehmer Druck zwischen Hoden und Po, der wächst, und sich schließlich entlädt. Ich fühle das Sperma einige Male durch den Penis schießen, es ist mein Geschenk an die Frau, mein Geheimnis, Baustein neuen Lebens. Ich fühle mich gleichzeitig unendlich offen und weit, die Grenze zwischen DIR und MIR löst sich für einen Moment auf.

Wie stark der Druck der Spermaschüsse ist, wie schnell ich atme, ob ich dazu schwitze, schreie, stöhne oder meine Füße kribbeln, das ist jedes Mal anders. Ich hatte sogar schon unschöne Orgasmen nach einem lieblosen Porno. Da war das Gefühl eher, das Sperma geht nach innen, will nicht raus. Ich habe mich dann zwar entladen, aber gleichzeitig doch leer und unwohl gefühlt. Aber in den meisten Fällen ist das Lied des Orgasmus sehr lieblich in den Ohren, ich singe es gerne, ich höre es gerne. Es ist jedes Mal etwas anders, mal lauter, mal leiser, länger und kürzer, spielt auf verschiedenen Tonarten, benutzt gar verschiedene Instrumente.

Wenn ich es erzwinge, und das überhaupt klappt, ist es längst nicht so schön, als mich im lebendigen und liebevollen Fluss des Miteinanders, manchmal auch nur mit mir selbst, inspirieren zu lassen. Auch ist das Lied danach nicht vorbei, es „hört" nicht auf. Es bleibt in Erinnerung, manche Töne klingen ruhig fort, betten mich manchmal in einen wohligen Schlaf. Oder lassen mich ein neues Lied spielen.

# Freiheit (Teil III)

## In meiner Seele (Eva Sattler[122])

In meiner Seele gibt es,

eine Stelle,

daraus erblüht mein

Schmerz und ein Gedicht

Wenn ich sie finde, öffnet

sich die Hölle -

ich schau mir selber

mitten ins Gesicht.

Doch dieser Augenblick,

in der der grelle

Blitz der Erkenntnis in

Dunkel bricht,

erlöst den Schmerz, und

meine Hölle

verwandelt sich in Freiheit

und in Licht.

---

[122] Sattler, Eva und Kammerer, Daniela: Blütenknall, Augsburg 2016
URL: www.bluetenknall.de URL: www.facebook.com/bluetenknall.de/

# Befreiung aus Unfreiheit und Gewalt

## Mechanismen der Unterdrückung

Beim Blick auf die Strukturen der gesellschaftlichen Sexualunterdrückung können wir weltweit in unterschiedlicher Massivität die Muster erkennen, die der Forscher James DeMeo beschrieben hat: „Gesellschaften, in denen Babies und Kinder eine Menge Schmerz und Traumata erleiden und ihre emotionelle Ausdrucksfähigkeit sowie das sexuelle Verlangen der Heranwachsenden zerstört werden, zeigen ausnahmslos ein breites Spektrum neurotischer, (selbst-)zerstörerischer und gewalttätiger Verhaltensweisen. [...] Der ethnographische Kulturvergleich hat in der Tat ergeben, daß es extrem schwierig, wenn nicht sogar unmöglich ist, eine gestörte, gewalttätige Gesellschaft ausfindig zu machen, die ihren Nachwuchs nicht traumatisiert und sexuell unterdrückt."[123]

Schmerzzufügende und unnatürliche Geburten, Isolation und Trennung der Kinder von ihren Bezugspersonen, die unnötige Unterdrückung der natürlichen Impulse, die Einschränkung von Bewegungsfreiheit, da wo sie keine Sicherheitsrelevanz hat, körperliche Gewalt oder die Androhung von Strafe - auch von Liebesentzug - machen Kinder brav, angepasst und gefügig.

Nach Wilhelm Reich entsteht durch diese traumatischen Unterdrückungsprozesse ein Muskelpanzer, der im schlimmsten Falle NICHTS mehr fühlen lässt. Die Atmung ist chronisch

---

[123] DeMeo, James: Die Entstehung und Ausbreitung des Patrismus vor ca. 6000 Jahren: die Saharasia-These. In: Saharasia Discovery and Research. Stand: 1990. URL: www.orgonelab.org/saharasia_de.htm#sthash.C127BGfN.dpuf (abgerufen: 2.9.2017)

gehemmt. Die Gefühle - auch die lustorientierten Impulse - werden unterdrückt. Das heißt, es werden keine schmerzhaften Gefühle (wie Angst, Trauer, Ausgeliefertsein, Wut, Verzweiflung) und auch kein Mitgefühl, keine Zuneigung, kein Bedürfnis zu trösten, keine liebevolle und bedürfnisorientierte Hinwendung zu Kindern, kein lebendiges sexuelles Begehren und Lieben unter Erwachsenen zugelassen: Nulllinie, Depression, alles eingefroren und zum Resignationsmodus heruntergefahren. Wenn der innere oder äußere Druck zu groß wird, dann „knallt" es in Form von Aggressionsausbrüchen oder manchmal sogar im Amoklauf.

UNTERDRÜCKUNG MACHT GEWALTTÄTIG.

Am Ende der Unterdrückungsmaschinerie finden wir weltweit zum Beispiel Soldaten und mittlerweile auch Soldatinnen, die emotionslos morden, indem sie Bomben und Drohnen abwerfen[124], foltern[125] und sexuell demütigen[126]. Oder eine Hillary Clinton, die den Mord an Muammar al-

---

124 Die größte Militärbasis des US-Imperiums außerhalb des eigenen Territoriums, Ramstein in Deutschland, ist ein zentrales Drehkreuz für die Vorbereitung und Durchführung völkerrechtswidriger Angriffskriege zur Ressourcensicherung für die nordwestliche Welt:
Vgl. Kampagne Stopp Ramstein: Kein Drohnenkrieg! Stand: Stand 30.07.15. URL: http://www.ramstein-kampagne.eu/aufruf/ (abgerufen: 2.9.2017)

125 Vgl. Kaleck, Wolfgang: Wolfgang Kaleck (ECCHR - Europäisches Zentrum für Verfassungs- und Menschenrechte) Interview. In: KenFM im Gespräch in YouTube. Stand: 21.11.2012. URL: https://www.youtube.com/watch?v=Gy50vz_bbLc (abgerufen: 2.9.2017)

126 Vgl. medica mondiale (Hg.): Sexualisierte (Kriegs-)Gewalt - Frauen als Kriegsbeute, sexueller Ausdruck von Aggression, schwere Menschenrechtsverletzung. In: Glossar. URL: www.medicamondiale.org/service/glossar/glossar-filter/s.html#glossar-40 (abgerufen: 2.9.2017)

Gaddafi[127] und den möglichen Krieg gegen den Iran zynisch lachend kommentiert.[128]

## Angst frisst die Freude am Leben

Eine der wichtigsten Steuerungsmechanismen von menschlicher Unterdrückung ist Angst. Angst vor den Eltern, den Lehrerinnen und Lehrern, den Vorgesetzten.... Und nicht zuletzt ist in den letzten Jahren die subtile Angst vor terroristischen Anschlägen auch in unsere Regionen gekrochen.

Bis Ende der 1980er Jahre haben viele Menschen in Mitteleuropa - besonders in Deutschland - mit der Angst vor einem atomaren dritten Weltkrieg gelebt. Welch eine Chance für weltweite Abrüstung und globalen Frieden, als dann der Ostblock zusammenbrach! Doch daraus wurde leider gar nichts! Für die kapitalistischen Länder hatte sich das Feindbild der „bösen" kommunistischen Staaten in Luft aufgelöst. Zügellos überrannten sie in atemberaubender Geschwindigkeit die ehemaligen Ostblockstaaten mit ihren Geschäftspraktiken, Konsumgütern und extremen Preissteigerungen. Und brachten viele Menschen in diesen Gebieten in Arbeitslosigkeit und

---

127 Muammar al-Gaddafi (1942-2011), Diktator in Libyen, wurde 2011 ermordet. Der zuvor hofierte Diktator war in „Ungnade" gefallen, weil er Libyen mehr in die Autonomie bringen wollte.
Vgl. Effenberger, Wolfgang: Muammar al-Gaddafi – rotes Tuch für die „Herren des Papiergeldes". In: zeitgeist Online. Stand: 10.4.2011. URL: zeitgeist-online.de/exklusivonline/dossiers-und-analysen/826-muam- (abgerufen: 2.9.2017)

128 Vgl. Deutsch-Russische Freundschaft (Hg.): Terrorstaat USA - Hillary Clinton lacht über Mord, Krieg und Verbrechen. In: YouTube. Stand: 26.10.2015. URL: www.youtube.com/watch?v=tIZWLhgJouQ (abgerufen: 2.9.2017)

noch größere Armut. Für die nordwestlichen Industriegesellschaften ein Bombengeschäft ohne Bomben! Doch das war ihnen nicht genug.

Wie sollten fortan die realen Bomben und alle anderen Rüstungsgüter in ihren vernichtenden Einsatz gebracht werden? Es brauchte dringend ein neues, angsterregendes Feindbild, um der Menschheit die Aufstockung der Rüstungsetats und die Notwendigkeit von Ressourcenkriegen zu vermitteln.

Wie „praktisch" für die USA - das aggressivste Imperium der letzten 70 Jahre -, dass am 11.9.2001 unter anderem die Türme des World Trade Center (WTC) einstürzten. Zwei Flugzeuge zerstörten drei Wolkenkratzer? Wie ist das möglich, fragen sich viele, darunter auch Architekten, Statiker und Experten für Sprengungen? Wie kam das dritte Hochhaus, das WTC7 ohne Flugzeugberührung zum Einsturz? Eine der vielen Ungereimtheiten dieses angeblichen oder tatsächlichen Terroranschlags in den USA in 2001. Und „zur besseren Identifizierung" hatten die angeblichen Attentäter netterweise sogar ihre „unverwüstlichen" Ausweise in den riesigen Staubmengen von pulverisierten menschlichen Körpern, Stahl, Beton und Glas hinterlassen. Diese und unglaublich viele weitere Ungereimtheiten von 9/11 auch nur zu hinterfragen, kann in der offiziellen Medien- und Regierungsmeinungsmache den Verlust des Arbeitsplatzes oder Ausgrenzung durch Verleumdung als „Verschwörungstheoretiker" bedeuten.

Jedenfalls war Stunden später (oder sogar schon davor?) das neue Feindbild geboren: Die Islamisten von Al-Qaida unter Osama Bin Laden![129] Zum großen Schaden für friedliche Lösungen in der Weltgemeinschaft begannen die USA und Europa schon im Oktober 2001 ihren „Krieg gegen den Terror", zunächst gegen Afghanistan. Danach folgten völkerrechtswidrige Überfälle auf den Irak (2003) und weitere Länder. Hunderttausende Menschen starben in diesen Kriegen außerhalb der USA und Europas seit 2001.[130] Millionen Menschen begaben sich auf die Flucht. Die Überlebenden finden sich in vollkommen destabilisierten Ländern des nahen und mittleren Ostens wieder oder gelangen als zumeist „unwillkommene" Flüchtlinge in unsere Breiten.

Bei jedem Amoklauf wird seitdem - besonders von den offiziellen Medien - der islamistische Terror skandalisiert und beschworen. Das ist der Treibstoff, den die Angst benötigt. Und das ist das gesellschaftspolitische Klima, in dem sich Angst, Hass und Fremdenfeindlichkeit rasant ausbreiten.

In München habe ich 2016 am eigenen Leib erfahren, wie Angst sich einschleicht, ausbreitet und auch wieder lösen kann. Fünfhundert Meter von meinem Wohnort entfernt, erschoß ein Jugendlicher neun Menschen. Stundenlanges Sire-

---

129 Daniele Ganser, Mathias Bröckers, Elias Davidsson und Paul Schreyer diskutieren mit Ken Jebsen über all die Ungereimtheiten und Tabus, die seit dem 11. September 2001 eine authentische Analyse und Aufklärung der Terroranschläge verhindern. Sie fordern mit vielen anderen Experten, eine erneute Untersuchung der 9/11-Vorfälle.
Vgl. Jebsen, Ken: KenFM Live [2] – 16 Jahre 9/11. In: KenFM. Stand: 11.9.2017. URL: kenfm.de/kenfm-live-2-16-jahre-911/ (abgerufen: 18.9.2017)

130 Vgl. Jebsen, Ken: KenFM im Gespräch mit: Dr. Daniele Ganser („Illegale Kriege"). In :KenFM. Stand: 3.2.2017. URL: kenfm.de/dr-daniele-ganser-illegale-kriege/
Vgl.a. Ganser, Dr., Daniele: Illegale Kriege, Zürich 2016.
Vgl.a. Ganser, Dr., Daniele:Was bedeutet Frieden? Warum sollten wir uns dafür engagieren? In: actvism. Stand: 9.6.2017. URL: www.actvism.org/politics/daniele-ganser-frieden/ (alle abgerufen: 2.9.2017)

nengeheul und ohrenbetäubender Helikopterlärm verstärkten meine Angst und versetzten mich für wenige Stunden in ein kriegsähnliches Szenario. An diesem Abend traute ich mich nicht zum Anwohnerfest in den Hinterhof. In den folgenden Tagen hatte ich ein sehr mulmiges Gefühl, wenn ich den Hauptbahnhof oder andere stark frequentiere Orte passieren musste.

Dann brachte mir der Sprecher der Münchener Polizei, Marcus da Gloria Martins, die angstlösende Erkenntnis. Er sagte deeskalierend, dass es deutlich wahrscheinlicher sei, beim Autofahren getötet zu werden, als durch einen Anschlag.

Im Jahr 2016 wurden in Deutschland im Straßenverkehr 3206 Menschen getötet[131], zwölf Menschen kamen im selben Jahr bei dem Lkw-Anschlag auf einem Weihnachtsmarkt in Berlin zu Tode. Seitdem ich mir dieser Fakten bewusst bin, ist mir klar: Autofahren ist deutlich lebensgefährlicher als islamistischer Terror!

## Das große Geschäft mit dem Sex

Es gibt viel zu verdienen, nicht nur mit der Rüstungsindustrie und den illegalen Kriegen, sondern auch am sexuellen Elend

---

131 Vgl. Statista GmbH: Verkehrstote in Deutschland bis 2016. In Fahrzeuge und Straßenverkehr. Stand 2017. URL: de.statista.com/statistik/daten/studie/185/umfrage/todesfaelle-im-strassenverkehr/ (abgerufen: 18.9.2017)

der Menschen. Gewinnmaximierung für wenige[132] wurde - zugespitzt in den letzten 20 Jahren - zu einer neuen Religion, eingeschlossen der Sexualverbrechen durch die Milliardengeschäfte der illegalen Sexindustrie.

Wilhelm Reich sah schon in den dreißiger Jahren des letzten Jahrhunderts die Gefahr, dass die kapitalistischen Gesellschaften geschäftsmäßig pornographisch funktionieren werden. Wo repressiver Sex, Kinderpornographie[133] und Menschenhandel zur Zwangsprostitution[134] - bevorzugt aus den Armenhäusern dieser Welt - zur verbrecherischen und gewinnbringenden Ware wird. Selbst das Ermitteln ungefährer Gewinnmargen, ist wegen der hohen Dunkelziffern und den illegalen Strukturen auf seriösem Wege nicht möglich

---

[132] Vgl. Krisen-Profite: Reichstes Prozent kassiert fast doppelt so viel wie der Rest der Welt zusammen. In: Bericht zur sozialen Ungleichheit, Oxfam. Stand: 16.1.2023. URL: https://www.oxfam.de/ueber-uns/aktuelles/soziale-ungleichheit-krisen-profite-reichstes-prozent-kassiert (abgerufen: 17.6.2023)

[133] Vgl. Fetscher, Caroline: Handelsverbot für Nacktbilder von Kindern gefordert - Kinderpornografie im Internet. In: Der Tagesspiegel. Stand: 26.3.2014. URL: www.tagesspiegel.de/politik/handelsverbot-fuer-nacktbilder-von-kindern-gefordert-kinderpornografie-im-internet/9523102.html

Vgl.a. ECPAT Deutschland e. V. - Arbeitsgemeinschaft zum Schutz der Kinder vor sexueller Ausbeutung (Hg.): Materialien & Publikationen. URL: https://ecpat.de/materialien-und-publikationen/ (alle abgerufen: 2.9.2017)

[134] Vgl. Hanano, Rima: Handelsware Mensch: Menschenhandel im 21. Jahrhundert. In: RESET. URL: https://reset.org/knowledge/handelsware-mensch-menschenhandel-im-21-jahrhundert (abgerufen: 2.9.2017)

Die Darstellung von Sex mit Kindern ist immer strafbar[135]. Die Strafverfolgungen sind jedoch extrem schwierig (Erpressung der Abhängigen, Beteiligung der Eltern an den kriminellen Geschäften, „Nicht-Sehen-Wollen", Verschleierung in den dunklen Seiten des Internets...). Und Aufklärung generiert sich häufig unbeholfen. Es mangelt an Interesse seitens der Politik sowie an finanziellen und personellen Ressourcen.

Menschenhandel und Zwangsprostitution sind ebenfalls strafbar[136]. Schockiert bin ich über die Studie der London School of Economics[137] gestolpert: „Die Wissenschaftler haben sich 150 Länder angeschaut und kommen zu dem Schluss, dass überall dort, wo Prostitution legal ist, vermehrt mit Menschen gehandelt wird."[138] So auch in Deutschland.

Wo fängt Zwangsprostitution an und wo hört Prostitution auf? Wie will ein Freier das beurteilen können? Woher weiß er, ob eine Frau mit falschen Versprechungen verschleppt und mit

---

135 Vgl. García, Oliver (Hg.): § 176 - Sexueller Missbrauch von Kindern. In: Strafgesetzbuch - Besonderer Teil (§§ 80 - 358) - 13. Abschnitt - Straftaten gegen die sexuelle Selbstbestimmung (§§ 174 - 184j)- dejure.org. URL: dejure.org/gesetze/StGB/176.html (abgerufen: 2.9.2017)

136 Vgl. García, Oliver (Hg.): § 232a - Zwangsprostitution. In: Strafgesetzbuch - Besonderer Teil (§§ 80 - 358) - 18. Abschnitt - Straftaten gegen die persönliche Freiheit (§§ 232 - 241a) - dejure.org. URL: dejure.org/gesetze/StGB/232a.html (abgerufen: 2.9.2017)

137 Vgl. LSE (Hg.): Legalised prostitution increases human trafficking. In: London School of Economics and Political Science. Stand: 12.6.2014. URL: https://orgs.law.harvard.edu/lids/2014/06/12/does-legalized-prostitution-increase-human-trafficking/ (abgerufen 17.6.2023)

138 Böhme, Johannes: Liebe Freier, es gibt keine harmlose Prostitution: Euer Geld hilft Verbrechern. In: ZEIT ONLINE. Stand: 26.3.2017. URL: www.zeit.-de/2017/10/prostitution-zwang-freier-gesetze/komplettansicht (abgerufen: 2.9.2017)

Drogen gefügig gemacht wurde oder minderjährig ist? Welchen Freier interessiert das wirklich, wenn er mit der Macht seines Geldes seine verzerrten sexuellen Wünsche an Frauen und Minderjährigen ausagiert? Die ihm nicht widersprechen können, die ihm nicht auf Augenhöhe begegnen können. Wie fehlentwickelt, Sex haben zu wollen oder zu können, mit Abhängigen und Schwächeren, die nicht „Nein-Sagen" können oder dürfen.

Daneben gibt es eine „legale" Sexindustrie, mit Pornofilmen, Internetportalen, Sexspielzeug… - fast alles hilflose und unsinnige Konsumartikel.

Wenn wir andererseits in die privaten Betten schauen, dann finden wir viel zu häufig deformierte Sexualität in Form von Vergewaltigung, gähnender Öde oder ein prüdes, verklemmtes, unbefriedigendes Ausagieren - weit entfernt von genussvoller und lebendiger Sexualität.

## Die Sucht sucht nach Erfüllung

Durch die Digitalisierung erweitern sich die Möglichkeiten, schnellen Sex zu kaufen - von legaler Pornographie, dargestellt von „Freiwilligen", bis zu zwangsprostituierten Kindern und Frauen. Vielfältige Gelegenheiten ermöglichen hauptsächlich Männern[139] ihre unverbundene Geilheit digital oder real auszuagieren. Dieser Konsum kann zur Gewohnheit werden und zu Porno- und/oder Sexsucht führen. Mit all den negativen

---

139 Mittlerweile gibt es auch häufiger Frauen, die pornosüchtig sind, nach Nutzerprofilen von Pornoseiten ca.12%: Vgl. Porno-Sucht (Hg.): Pornosucht bei Frauen – auch das weibliche Geschlecht leidet aktiv. In: PORNO-SUCHT.COM. Stand: 10.12.2014. URL: www.porno-sucht.com/aktive-und-passive-probleme-der-pornosucht-bei-frauen/ (abgerufen: 2.9.2017)

Folgen einer Sucht wie Getriebensein, Entzugserscheinungen, Lieblosigkeit gegen andere und sich selbst, Interesselosigkeit an „echtem" Sex in einer Beziehung, Schuldgefühle, Ekel vor sich selbst, finanzieller Schaden, um nur einige Symptome zu nennen.

Dann wagen sich manche Männer in die sexualtherapeutische Praxis und lernen als erstes, sich selbst anzunehmen, auch mit all dem Ekel, der Scham und der Schuld. Sie ergründen, worin die Ursachen ihrer Sucht wurzeln. Zum Beispiel in der Unfähigkeit ihre sexuellen Bedürfnisse zu akzeptieren, sie zu kommunizieren und gewaltfrei auszudrücken.

Auch Porno- oder Sexsucht stellen Symptome dar. Sie geben damit Hinweise auf unerhörte Geschichten, die dann erhört werden können. In der Sexualtherapie ist es wichtig, diese persönlichen Geschichten jenseits von Moral zu verstehen und die Not zu sehen, die dahinter steckt.

So wie bei Jakob, der schon Jahrzehnte unter seiner Pornosucht litt und nicht wusste, wie er da herauskommen sollte. Bis er erkannte, dass in dieser Art von abgespaltener Sexualität seine Lebendigkeit verborgen lag. Jakob wurde in eine Familie geboren, die viel Leidvolles erlebt und keinen Weg gefunden hatte, den Schmerz auszudrücken. Damit war jedes Gefühl - auch seine sexuelle Lust - unausgesprochen verboten. Er sah somit keine andere Möglichkeit, als seine ursprünglich lebendigen Impulse in diesen tabuisierten Räumen der Pornographie zu leben. Internetpornos und Prostitution hatten rein gar nichts mit seinem bürgerlichem Hintergrund zu tun. In diesem Milieu durfte er fühlen und seine Sexualität ausleben, was ihn jedoch immer unglücklicher machte. Er wollte sich lebendig und sexuell spüren und gesellschaftlich dazu gehören.

Oder Gerhard, schon lange verheiratet, die erotischen Gefühle gegenüber der Ehefrau abgeflaut, spaltete seine sexuellen Bedürfnisse immer weiter ab. Er fand kurzfristige Erleichterung bei Pornos im Internet und bei Prostituierten. Dies betrieb er mit großen Schuldgefühlen, bis die Ehefrau die „Schmuddelwebseiten" entdeckte, über die er seine Kontakte anbahnte. Dieser Crash mit ihr brachte ihn in die Sexualtherapie. Für ihn war es an erster Stelle wichtig, Klartext sprechen zu können und sich damit nicht abgelehnt zu fühlen. Er wollte nicht weiter im Selbstmitleid versinken. Im Laufe der Zeit lernte Gerhard seine Sexualität anzunehmen, auch in Form von Selbstbefriedigung ohne digitale Stimulation. Er fing langsam an, sich insgesamt mit seinen Gefühlen, zum Beispiel mit seiner Trauer über die zerrüttete Ehe, wieder zu spüren. Auch fühlte er deutlich, dass er auf keinen Fall die Ehefrau verlieren wollte. Er hatte seit einiger Zeit bereits wahrgenommen, dass die anonymisierte und scheinbar stressfreie Entladung keine wirkliche Erfüllung brachte. Er erfuhr, wie viel mutiger und anstrengender, jedoch letztlich auch befriedigender es ist, sich mit der Partnerin auseinanderzusetzen. Auch Dank der Bereitschaft seiner Partnerin, ihm zu verzeihen, fand Gerhard zu einer erfüllten Sexualität in der Ehe zurück.

Menschen, die in keiner tragfähigen Verbindung leben, tun sich mit der Befreiung aus Isolation und Abhängigkeit meistens schwerer. Häufig sind Beziehungen an der Sucht zerbrochen. Nicht jede oder jeder ist in der Lage, diese Art von Sexualverhalten beim Partner oder der Partnerin zu verzeihen. Bei manchen Betroffenen gab es zuvor noch nie eine Partnerschaft. Die Ursache für die Kontaktlosigkeit bei sich selbst zu suchen und zu finden, haben viele nie gelernt. Da wird von manchen die schnelle „sexuelle Nummer" als Konsummöglichkeit gesehen - häufig mit sehr schalem Nachgeschmack.

Sucht ist jedoch nicht nur ein individuelles Problem, sondern zeigt sich in zunehmender Dosissteigerung im Umgang mit unserer Mitwelt. Wolfgang Schmidbauer schrieb schon vor 35 Jahren: „Auf eine ganz ähnliche Weise wie der Süchtige mit seinem Körper geht die Industriegesellschaft mit ihrer Umwelt um. Sie soll die gewünschten Reaktionen liefern - sonst setzt es was! Sie soll die Gifte vertragen, die in sie gekippt, versprüht oder verpulvert werden. Wenn sie es nicht tut, müssen neue Mittel her. Den Fluß vergiften und ein Hallenbad bauen, lautet das Motto."[140] Die Dimensionen der Mitwelt-Zerstörung mit der Ausrottung von Pflanzen, Tieren und Ethnien haben in den letzten drei Jahrzehnten ein unfassbares Ausmaß angenommen. Dagegen erscheint der Bau eines Hallenbades heutzutage völlig harmlos, basiert jedoch auf den gleichen Prinzipien. Die Suche nach dem achtsamen und respektvollen Umgang mit unserer Natur zeigt auch den Weg aus der individuellen Sucht.

Wenn Sucht als Suche nach lebendiger Erfüllung entdeckt wird, dann fungiert sie als Hinweisgeber zu den berechtigten inneren Bedürfnissen. Dann wächst die Bereitschaft und Kraft, die Halden von persönlichem und gesellschaftlichem (Sex-)Schutt achtsam beiseite zu räumen. Dann entstehen innere Freiräume, die Selbstannahme und Selbstliebe ermöglichen. Dann erwacht der Mensch langsam und fühlt seine Sehnsucht nach gewaltfreier, lebendiger, liebevoller (sexueller) Verbundenheit. Wunderbar, wenn diese Befreiung nicht an den eigenen Körpergrenzen halt macht, sondern die Welt, die uns umgibt, miteinbezieht.

---

140 Schmidbauer, Wolfgang: Im Körper zuhause - Alternativen für die Psychotherapie, 2. Auflage, Frankfurt am Main 1983, S. 22

## Die Gewaltspirale dreht sich

Wie sollen angepasste Kinder, die nie lernen durften, „Nein" zu sagen, sich gegen übermächtige Erwachsene wehren? Die Opfer, die sexuelle Gewalt erfahren, werden immer jünger bis hin zum Babyalter. Von Tätern und Täterinnen aus allen gesellschaftlichen Schichten werden Kinder mit Verführung, Erpressung oder roher Gewalt zu sexuellen Handlungen genötigt oder gezwungen.[141] „Je etablierter eine Person im sozialen Leben verankert ist, desto unwahrscheinlicher gerät sie in Verdacht."[142]

Grauzone e.V.[143] spricht von jedem 3. - 4. Mädchen und jedem 7. - 8. Jungen, die oder der diese perfide Gewalt bis zum Erwachsenenalter einmal erlebt. Die Täter und Täterinnen kommen bis zu 90% aus dem unmittelbaren Umfeld der Kinder, zum Beispiel aus der Familie, aus dem Bekanntenkreis, aus der Lehrer- oder Nachbarschaft. Sexualstraftäter und Sexualstraftäterinnen nutzen ihre Macht- und Autoritätspositionen aus. Traurige Bekanntheit erlangten die Verbrechen von Pädagogen der Odenwaldschule und Mitarbeitern der katholi-

---

[141] Im Jahr 2016 wurden 14.051 sexuelle Übergriffe an Kindern in Deutschland polizeilich erfasst. Die Dunkelziffer ist zwanzigfach höher, also mehr als 280.000 Kinderopfer jährlich.
Vgl. statista (Hg.): Anzahl der polizeilich erfassten Fälle, bei denen Kinder Opfer von sexuellem Missbrauch wurden, von 2000 bis 2016.
 URL: de.statista.com/statistik/daten/studie/1586/umfrage/sexueller-missbrauch-von-kindern/ (abgerufen: 2.9.2017)

[142] Schweitzer, Ulrike (Redaktion): Wölfe im Schafspelz - Wie Kinder zu Opfern sexueller Gewalt werden. In: NDR Menschen hautnah, Film: Nicole Rosenbach. Stand: 23.08.2016. URL: https://archive.org/details/wolfe-im-schafspelz-wie-kinder-zu-opfern-sexueller-gewalt-werden

[143] Vgl. Grauzone e.V. - Hilfe bei sexueller Gewalt (Hg.): Zahlen und Fakten. URL: https://grauzone-ev.de/sexualisiertegewalt/ (abgerufen 17.6.2023)

schen Kirche.¹⁴⁴ Hilfsangebote gibt es von verschiedenen Organisationen.¹⁴⁵

Das Ausmaß an Gewalt gegen Frauen stellt die Agentur der Europäischen Union für Grundrechte (FRA) im März 2014 vor: „62 Millionen Frauen haben seit ihrem 15. Lebensjahr körperliche und/oder sexuelle Gewalt erfahren, davon 22% in der Partnerschaft. 67% meldeten die schwerwiegendsten Gewaltvorfälle innerhalb einer Partnerschaft nicht der Polizei oder einer anderen Organisation. [...] Für die Erhebung wurden über 42.000 Frauen in den 28 EU-Mitgliedstaaten befragt."¹⁴⁶ Die größte Hürde für misshandelte Frauen ist, die Angst vor ihrem Peiniger zu überwinden und sich Hilfe zu holen. Die verschiedenen Anlaufstellen wie Frauenhäuser und Beratungsstellen können Schutz geben.¹⁴⁷

---

144 Vgl. Spiegel Online (Hg.): Odenwaldschule - Pädagogen teilten "sexuelle Dienstleister" fürs Wochenende ein. In: Panorama. Stand: 6.3.2010. URL: www.spiegel.de/panorama/gesellschaft/odenwaldschule-paedagogen-teilten-sexuelle-dienstleister-fuers-wochenende-ein-a-682087.html (abgerufen: 2.9.2017)

145 Hilfe bei sexuellen Übergriffen an Kindern: Siehe unter Internetseiten und Kontakte im Anhang

146 Agentur der Europäischen Union für Grundrechte (Hg.): Gewalt gegen Frauen: sie passiert täglich und in allen Kontexten. In: Presseaussendungen. Stand: 5.3.2014. URL: fra.europa.eu/de/press-release/2014/gewalt-gegen-frauen-sie-passiert-taglich-und-allen-kontexten

Vgl.a. Hausener, Konrad: In Deutschland werden mehr Frauen vergewaltigt als in Indien. In: The Intelligence. Stand: 16.11.2013. URL: www.theintelligence.de/index.php/gesellschaft/volksverdummung/5108-in-deutschland-werden-mehr-frauen-vergewaltigt-als-in-indien.html (alle abgerufen: 2.9.2017)

147 Hilfe für Frauen: Siehe Internetseiten und Kontakte im Anhang unter Hilfe.

Überraschenderweise kommt der Gender Datenreport des Bundesfamilienministeriums zu folgendem Ergebnis bei Gewalt gegen Männer durch Frauen: „Von körperlicher Gewalt in heterosexuellen Paarbeziehungen scheinen zunächst Männer - rein quantitativ - in annähernd gleichem Ausmaß wie Frauen betroffen zu sein."[148]

Das lässt verwundert aufhorchen. Ein „Kollateralschaden" der Emanzipation - wenn Frauen sich trauen, sich zu wehren? Und dann genauso, wie ihre männlichen Artgenossen, überreagieren und gewalttätig werden? Dabei sollte jedoch nicht vergessen werden, dass 90% von der Kriminalistik erfassten Körperverletzungen von Männern ausgehen.

Leider werden Opfer von sexueller Gewalt als Erwachsene häufig selber zu Sexualstraftäter und Sexualstraftäterinnen. Die Frustration durch die chronische Angststarre, an der die traumatisierten Menschen leiden, kann auch hier als „emotionale Pest" bezeichnet werden. Eine erfüllende Zufriedenheit im Leben und in der Sexualität kann nicht gefühlt, beziehungsweise auch bei anderen nicht ertragen werden. Daraus entstehen sekundäre, insbesondere sadistische Impulse - also die Befriedigung und (sexuelle) Lust, andere Menschen zu erniedrigen und seelisch oder auch körperlich zu peinigen. Diese eigene Starre und Frustration ist der traurige und langanhaltende Hintergrund, vor dem (sexuelle) Gewalt und Unter-

---

148 Kutsche, Johanna: Emanzipation mit dem Regenschirm. In: ZEIT ONLINE. Stand: 8.3.2009. URL: www.zeit.de/online/2009/11/frauentag-gewalt-von-frauen

Vgl.a. Akyol,Çiğdem: Männerhaus - Ein Ort für geschlagene Männer. In: ZEIT ONLINE. Stand: 10.11.2009. URL: www.zeit.de/gesellschaft/generationen/2009-11/maennerhaus (alle abgerufen: 2.9.2017)

Hilfe für Männer: Internetseiten und Kontakte im Anhang unter Hilfe.

drückung gegen Schwächere, Pornographie, Profitgier und überhaupt jedes kriminelle sowie antisoziale Verhalten stattfinden.

Menschen werden im Laufe ihres Lebens durch all die unterdrückenden Erfahrungen zu lieblosen und zerstörerischen Gewalttätigen gemacht. Der natürliche innere Kern des Menschen - bei liebevollem Aufwachsen oder bei der Verarbeitung und Integration der traumatischen Erfahrungen - besteht aus Empathie und Liebe zu sich selbst und zu allen anderen Wesen.

## Pädophilie und die Chance, kein Täter zu werden

Pädophile sind zum allergrößten Teil Männer, deren sexuelles Hingezogensein Kindern gilt. Ihr sexuelles Begehren bleibt auch nach der Pubertät häufig ausschließlich zu Kindern bestehen. Darunter leiden die Betroffenen sehr, in dem Wissen, dass sie nie legal die Sexualität leben können, nach der sie sich sehnen. Pädophilie ist eine chronische und in der Regel unheilbare Erkrankung mit multifaktoriellen Ursachen, von der nach Schätzungen 1% - also circa eine viertel Million - der erwachsenen Männer in Deutschland betroffen sind.[149]

Sie sind nicht verantwortlich für ihre sexuelle Neigung, jedoch für ihre Taten. Häufig wird es für sie zum täglichen Mar-

---

[149] Pädophilie gilt nach dem internationalen Diagnoseschlüssel der Weltgesundheitsorganisation als Störung der Sexualpräferenz (ICD 10, F65.4).

Vgl.a. Fries, Meike, Lüdemann, Dagny: Sexualforschung - Was ist Pädophilie? In: ZEIT ONLINE. Stand: 19.2.2014. URL: www.zeit.de/wissen/2014-02/paedophilie-faq-edathy/komplettansicht (abgerufen: 2.9.2017)

tyrium, ihre sexuellen Bedürfnisse zu kontrollieren. Viele schaffen es tragischer Weise nicht.

Vierzig Prozent der sexuellen Übergriffe auf Kinder werden von Pädophilen begannen. Viele Pädophile zerbrechen an ihrer Erkrankung und begehen Selbstverstümmelungen oder Suizide.

Das Institut für Sexualwissenschaft und Sexualmedizin in der Charité in Berlin hat ein Behandlungskonzept unter dem Motto „Kein Täter werden" entwickelt.[150] Bundesweit sind mittlerweile zehn weitere Standorte entstanden.[151] Die Männer werden mit verhaltenstherapeutischen, Ressourcen stärkenden und in Ausnahmefällen medikamentöser Unterstützung, kostenlos und unter Schweigepflicht behandelt. Sie lernen, kein Täter zu werden oder keiner mehr zu sein.

## Was hilft gegen Gewalt?

James DeMeo gibt die großartige und ebenso einfache Antwort: „Gesellschaften, deren Kinder und Säuglinge nicht traumatisiert oder sexuell unterdrückt werden, sondern liebevolle und körperliche Zuwendung erfahren, sind ausnahmslos

---

[150] Vgl. Netzwerk „Kein Täter werden": Inhalte. In: Institut für Sexualwissenschaft und Sexualmedizin - Zentrum für Human- und Gesundheitswissenschaften - Universitätsklinikum Charité Campus Mitte. URL: www.kein-taeter-werden.de/story/inhalte.html (abgerufen: 2.9.2017)

[151] Hilfe für Pädophile: Standorte „kein Täter werden": URL: https://www.kein-taeter-werden.de/kontakt/standorte/ (abgerufen: 2.9.2017)

psychisch gesund und gewaltlos!"[152] Leider sind wir in unserer heutigen Welt und auch in Europa noch weit entfernt von diesem Recht auf friedvolles und sexualförderndes Aufwachsen.

Theodor W. Adorno sagte: „Es gibt kein richtiges Leben im falschen. [...] Auch wenn ein im Ganzen richtiges Leben unmöglich ist, so ist es für ein unverblendetes Dasein äußerst wichtig, sich den Sinn für das Richtige nicht abkaufen zu lassen."[153] Doch mit all der Gewalt, mit der Männer die Seelen und die Körper der Kinder und Frauen schädigen und ebenfalls Frauen gegenüber Kindern schuldig werden, wie können wir da an eine humanistische Ethik glauben? Die auch noch Umsetzung in der Alltagsrealität findet? In dem Zitat von Adorno steckt jedoch auch der Geschmack, die Idee vom „richtigen und guten" Leben. Gerade heute scheint es mir besonders wichtig, immer wieder zu klären, was die menschlichste Lösung sein kann? In dieser von Korruption geprägten Zeit, sich nicht den „Sinn für das Richtige" abkaufen zu lassen. Dann fällt es leichter, mit der Realität umzugehen und sich auf das „Gute im Menschen" zu fokussieren. So wie es uns Erich Fromm als eine immerfort gültige und sehr einfache Essenz humanistischer Ethik anbietet. Gut ist alles, was für den Menschen gut ist. Gemeint sind alle Menschen, nicht die wenigen Superreichen. Und dass das Wohl der Menschen und ihrer

---

152 DeMeo, James: Die Entstehung und Ausbreitung des Patrismus vor ca. 6000 Jahren: die Saharasia-These. In: Saharasia Discovery and Research. Stand: 1990. URL: www.orgonelab.org/saharasia_de.htm#sthash.C127BGfN.dpuf (abgerufen: 2.9.2017)

153 Adorno, Theodor W.: Minima Moralia, Frankfurt am Main 2000. Zitiert nach: Seel, Martin: Das Richtige im Falschen. In: ZEIT ONLINE. Stand: 3.5.2001. URL: www.zeit.de/2001/19/200119_ka-philo-.xml (abgerufen: 2.9.2017)

Mitwelt, das einzige Kriterium für unsere Werte und unser Handeln sein kann.[154] So zeigen uns die Weisheiten der bedeutenden humanistischen Philosophen Wege hin zu einem gewaltfrei(er)en Leben.

Jeder oder jede Konsumierende von repressiver Sexualität, der oder die sich den Gesetzen der brutalen Marktwirtschaft verweigert und nicht mehr konsumiert, ist auf dem richtigen Weg und entzieht der sexuellen Gewalt ein Stückchen des Nährbodens.

Jeder Kinderschänder, jeder Menschenhändler, jeder Zuhälter, jeder Freier, der aussteigt, sich den äußeren und seinen inneren Gewaltursachen stellt, ist einer auf dem richtigen Weg raus aus der Gewaltspirale. Das gilt natürlich ebenso für die Frauen in diesen Zusammenhängen.

Jeder Pädophile, der es schafft, seine Neigungen nicht auszuleben, ist auf dem richtigen Weg.

Jede oder jeder, die oder der Schutz und Hilfe vor Gewalt sucht, ist auf dem richtigen Weg zur Selbstachtung.

Jedes Projekt, das Kinder und Frauen und auch Männer stärkt und schützt, hilft jetzt im Moment etwas weniger Gewalt ertragen zu müssen, ist gut, wichtig und richtig.

Jeder Elternteil, der sich menschlich und sozial verhält, der die eigenen humanen Regeln auch selbst lebt und sich damit als Vorbild zeigt, verhilft seinen Kindern, soziale Kompetenz zu erwerben.

---

154 Vgl. Fromm, Erich, Funk, Rainer (Hg.): Humanistische Ethik und Erziehung, München 2016 (E-Book)
Erich Fromm (1900-1980) war ein Philosoph, Sozialpsychologe und Psychoanalytiker.

Jeder Elternteil, der beginnt zu lernen, die Impulse seiner Kinder zu respektieren und sie nur dann liebevoll zu beschränken, wenn es wirklich notwendig ist, ermöglicht ihnen einen starken Start in ihr Leben.

Jeder Mensch, der beginnt, sich selbst mit allem anzunehmen und zu lieben, versetzt sich in die Lage, gewaltfrei, mitfühlend und liebevoll zu allen anderen zu sein.

Davor steht, die eigenen Schattenseiten zu erkennen und anzunehmen, ja sogar die Spur zu finden, aus welchen Ursumpf sie entsprungen sind. Alle Täter waren einmal Opfer! Das kann bedeuten, die Angst vor den eigenen inneren „Monstern" ernst zu nehmen und sich ihnen zu stellen, sie zu verstehen und damit das selbst- und fremdschädigende Verhalten zu beenden.

Im Kern, im tiefsten ICH, ist der Mensch empathisch und liebesfähig und damit arterhaltend. Auch der Anarchist Johann Most geht von der Menschenfreundlichkeit des Menschen aus. Er schreibt 1887: „Nicht der Mensch als solcher ist ein Raubtier, sondern nur der Mensch in Verbindung mit Reichtum. Je reicher der Mensch ist desto stärker ist seine Gier nach weiterem Vermögen. Solch ein Untier, welches man Eigentumsbestie nennen kann, und das gegenwärtig die Welt beherrscht, die Menschheit unglücklich macht und mit dem Fortschreiten der sogenannten „Zivilisation" an Grausamkeit und Schlingkraft gewinnt, soll im Nachstehenden gekennzeichnet und der Ausrottung empfohlen werden. ..."[155].

---

155 Most, Johann: Die Eigentumsbestie, New York 1887. Zitiert nach: anarchie heute: Die Eigentumsbestie. InMarxists' Internet Archive. URL: https://www.marxists.org/deutsch/referenz/most/1887/xx/bestie.htm (abgerufen 17.6.2023)

Wenn Menschen ihrer tiefen Sehnsucht freien Lauf lassen, dann erträumen sie herrschaftsfreie Räume im privaten- und gesellschaftspolitischen Zusammenhängen. Wie könnte sich unser Leben anfühlen, ohne Angst, ohne Unterdrückungs- und Autoritätsmechanismen in Paarbeziehungen, in Familien, in Schulen, in Betrieben und Konzernen, in der gesamten Gesellschaft? Wo jeder Mensch die nötige Grundversorgung erhält. Und es dann sinnlos wird, Besitz anzuhäufen oder Menschen besitzen und beherrschen zu wollen. Wo individuelle Freiheit einen maximalen Raum einnimmt, eingebettet in eine natürliche - von Menschenliebe getragene - freiwillige Ordnung. Das entspricht u.a. auch der anarchistischen Grundidee, wie sie der Anarchist und Philosoph Peter Seyferth[156] heute formuliert, dass der Mensch ein erstaunlich kooperatives Wesen ist. Er ist der Meinung, dass der Mensch auch egoistisch, rücksichtslos und unterdrückerisch sein kann, jedoch dass er das nicht sein muss sondern vom Biologischen her zur Kooperation fähig sei (und damit auch zur geordneten Anarchie).

Das hat nichts mit den z.T. ähnlich klingenden Vorstellungen des Transhumanismus (WEF; Great Reset, WHO) der Herrschafts-Eliten zu tun.[157] Von diesen menschenverachtenden und repressiven Vorstellungen, wie unsere Welt zu einer besseren Welt werden soll, distanziere ich mich ausdrücklich. Nach meinem Wissen um die Hintermänner dieser elitären Vereinigungen, geht es letztendlich ausnahmslos darum, wie die Reichsten noch reicher werden können, ganz gleich welcher Schaden für die Erde und all ihre Lebewesen entsteht.

---

[156] Vgl. Seyferth, Dr. phil., Peter: Was ist Anarchismus? Die Geschichte & Philosophie des Anarchismus. URL: https://www.actvism.org/politics/anarchismus-philosophie-seyferth/ (abgerufen 17.6.2023)

[157] Vergl.: In: THE GREAT RESET. URL: https://www.weforum.org/about/world-economic-forum/ (abgerufen 15.6.2023)

Meine Vorstellungen von Anarchie beziehen sich auf dezentrale solidarische Gemeinschaften, wo alle von einer bescheidenen und mitwelt-schonenden Lebensweise profitieren. Ein zentrales Element ist, die Macht- und Gewaltstrukturen im eigenen Innenleben und in der Gemeinschaft als ein menschliches Defizit zu erkennen und zu verstehen, um mehr und mehr zu lernen auf Augenhöhe miteinander zu leben und auch die Erde und alle Wesen auf ihr zu achten und zu schützen.

# Die Freiheit nicht zu wollen, nicht zu stehen, nicht zu kommen

## Mein Körper gehört mir!

Wie kann es sein, dass ein Kind, was sexuelle Gewalt erfährt oder erfahren hat, statistisch gesehen bis zu sieben Personen ansprechen muss, bevor es Hilfe erhält?

In unserer Gesellschaft wird auf der einen Seite unglaublich viel Gewalt ausagiert, auf der anderen Seite ist aggressives Verhalten bis hin zur völligen Tabuisierung unerwünscht. Da stellt sich die Frage, wie ein Kind lernen soll, sich in Gefahrensituationen zu wehren, wenn es permanent dazu angehalten wird, auf keinen Fall einen lauten Mucks von sich zu geben, immer schön angepasst und vernünftig zu sein?

Aggression bedeutet vom lateinischen Wortstamm her, sich auf etwas zubewegen, sich nähern, heranschreiten. Alles was in unserem Körper bei Gefühlen wie Wut und Ärger geschieht, versetzt uns in die Lage, aktiv zu werden und uns gegenüber Angreifern zu wehren. Aggression ermöglich Kampf oder Flucht - uralte Reflexe, die völlig automatisch in unserem Stammhirn ablaufen. Wenn nichts mehr geht, dann bleibt der Totstellreflex, also die Angststarre.

Der dänische Familientherapeut Jesper Juul vertritt, dass Aggressionen ein elementares Lebensgefühl sind - so wie Sexualität oder Liebe. Diese Gefühle, neben anderen, ermöglichen und bereichern unser Leben. Er befürwortet einen geduldigen und emphatischen Umgang mit Aggressionen, bei dem verstanden wird, welchen Hilferuf Kinder und Jugendliche dabei aussenden. Er votiert dafür, dass die Kinder bis zum Erwachsenenalter lernen ihre aggressiven Impuls zu steuern, mit ihnen konstruktiv umzugehen und sie kreativ zu nutzen. Eine der wichtigsten Voraussetzungen, eine Welt ohne Gewalt und Kriege zu erschaffen.[158]

Die Resilienzforschung zeigt, dass Widerstandsfähigkeit nicht nur angeboren, sondern auch erlernbar ist.[159] Fremd- und Eigenverletzungen werden vermieden, wenn wir die aggressiven Gefühle kennen lernen und ermöglichen. Das heißt für Kinder und Erwachsene, den Ausdruck von kraftvoller Wut zu erlernen, ohne dass jemand zu Schaden kommt. Daraus entsteht eine innere Stärke, die es erlaubt, in Gefahrensituationen präsent und kraftvoll reagieren zu können. Alles was den Körper stärkt, wie Singen, Tanzen, Kampfkunst, Sport und vieles mehr, ist hilfreich einen Zugang zu dem großen See unserer Gefühle zu finden. Wenn wir lernen unseren Körper zu steuern, fällt es viel leichter nicht von Gefühlen überflutet zu werden und sie trotzdem zu spüren.

Es gibt viele Konzepte, bei denen Kinder und Erwachsene - für sich selbst oder in ihrer Funktion als Eltern oder Pädagoginnen und Pädagogen lernen können, Widerstandskraft zu entwickeln.

Die von Wilhelm Reich entwickelte Körperpsychotherapie[160] geht davon aus, dass jedes unterdrückte Gefühl im Körper feststeckt und ihn schwächt. Die Übungen ermächtigen

---

158 Vgl. Juul, Jesper: Aggression: Warum sie für uns und unsere Kinder notwendig ist, Berlin 2013

159 Vgl.: Resilienz – Was Kinder stark macht". In: Elternbildung. URL: https://www.eltern-bildung.at/resilienz-was-kinder-stark-macht/ (abgerufen: 22.6.2023)

160 Vgl. Weinz, Esther: Körperpsychotherapie. In: ACCAdemia BERATUNG - BILDUNG - THERAPIE. Stand: 3.9.2017. URL: www.accakassel.de/ACCA/KoerperPsychoTherapie.html (abgerufen: 3.9.2017)

den Körper spielerisch oder in der Verbundenheit mit den tiefen Gefühlen wie Ärger, Wut und Haß, diese ritualisiert und kanalisiert auszudrücken. Dann wird gestampft, geschrien, in die Luft oder gegen eine Matratze geboxt und getreten - zu Beginn häufig etwas verschämt, doch mit der Zeit wird der Ausdruck kräftiger und die Augen beginnen zu funkeln. Es ist eine wahre Freude als Therapeutin zu erleben, wie kraftvolle Spannung in den Körper zurückkehrt. Die Körperübungen werden mit offenen Augen und mit klaren Regeln durchgeführt. So wird blinde Wut vermieden. Körper und Seele befreien sich von lange unterdrückten Aggressionen. Die Potentiale der Lebensenergie, die hinter Wut und Hass verborgen waren, stehen dann unter anderem auch für klare Abgrenzungen im Alltag zur Verfügung.[161]

Wenn die Wut und andere Gefühle so stark sind, dass sie nicht mehr gesteuert werden können, dann helfen Übungen, die die emotionale Balancierung unterstützen. Sehr effektive und Jahrtausende lang erprobte Methoden finden wir in der Traditionellen Chinesischen Medizin (TCM). In den letzten Jahrzehnten hat die Psycho-Akupressur ihren Weg in Therapie und Coaching gefunden. Sie zeigt sich als ein umfangreiches Konzept, das sich als besonders hilfreich in Stress-, Konflikt- und Traumabewältigung bewährt hat. Einsetzbar in akuten als auch in länger zurückliegenden Belastungssituationen mit einfachen und effektiven Selbsthilfetools.[162]

---

161 Vgl. Weinz, Esther: Gewaltprävention, Depressionsprophylaxe, Psychohygiene. In: Körperpsychotherapie / PsychoTraumaTherapie / TranspersonaleTherapie. URL: www.accakassel.de/ACCA/Downloads.html (abgerufen: 3.9.2017)

[162] Vgl. Weinz, Esther: ROMPC®. In: ACCAdemia BERATUNG - BILDUNG - THERAPIE. Stand: 13.3.2016. URL: www.accakassel.de/ACCA/ROMP-C.html (abgerufen: 3.9.2017)

Ein Projekt, das vor allem in Schulen eingesetzt wird, ist die „theaterpädagogische werkstatt", die mit dem „Theater mit Zukunft" eine vielversprechende Möglichkeit aufzeigt: „Theater ist unser Weg in die Herzen und Köpfe von Kindern und Jugendlichen, zu ihren Sehnsüchten, Sorgen und Fragen. In Zusammenarbeit mit PädagogInnen und PsychologInnen schreiben wir dafür altersgerechte Programme, in denen sich unser Publikum wieder erkennt. Schon Kinder im Vorschulalter unterstützen wir so spielerisch in ihrer Persönlichkeitsentwicklung. Wir leisten theaterpädagogische Präventionsarbeit – damit Kinder und Jugendliche stark werden, bevor andere ihre Schwächen ausnutzen."[163] Als erstes Projekt wurde „Mein Körper gehört mir" entwickelt und, vor allem an Schulen, sehr erfolgreich umgesetzt. Der „Körpersong" stärkt die Kinder und gibt die klare Botschaft, dass Nein-Sagen ausdrücklich erwünscht ist. Hier ein Auszug aus dem Lied.

„Mein Körper, der gehört mir allein! Du bestimmst über Dein und ich über Mein! Schlag mich nicht und tritt mich nicht und schubs mich auch nicht weg, umarm mich nicht zu stark, weil ich das gar nicht mag! Ich habe mich von Kopf bis Fuß sehr gern! Ich gebe auf mich acht, ich bin mein eigner Stern!"[164]

Die genannten Ansätze geben - unter vielen anderen - Hoffnung und zeigen praktische Wege, innere Stärke bei Kindern und Erwachsenen zu erlangen.

---

163 Pallas, Anna, Gesse, Reinhard (Hg.): Theater mit Zukunft. In: theaterpädagogische werkstatt - Ziele. Stand: 2008. URL: www.theaterpaed-werkstatt.de/?page=ziele.html&rank=2&urank=3 (abgerufen: 3.9.2017)

164 Pallas, Anna, Gesse, Reinhard (Hg.):Körpersong. In: theaterpädagogische werkstatt. Stand: 2008. URL: www.meinkoerpergehoertmir.de/importe/koerpersong.pdf (abgerufen: 3.9.2017)

## NEIN heißt NEIN!

Es war längst überfällig, dass der § 177 Strafgesetzbuch zu sexuellem Übergriff, sexueller Nötigung und Vergewaltigung im November 2016 endlich vom deutschen Bundestag verabschiedet wurde. Die Verschärfung hilft Menschen in Beziehungen, NEIN zu sagen. Dieses NEIN muss von der bedrängenden Person respektiert werden. Wenn das STOPP nicht akzeptiert wird, dann ist das jetzt endlich ein Straftatbestand. Es geht also nicht mehr darum, dass sich Frauen mit dem Einsatz ihres Körpers unter der Gefahr von Verletzungen wehren müssen. Ein gesagtes NEIN bedeutet nun juristisch unmissverständlich NEIN![165]

Die Basis für sexuelle Gewalt ist immer eine repressive Gesellschaftsstruktur, sowohl in der Familie, als auch in sozialen Institutionen und im Staat. Nein zu sagen zu diskriminierenden, verletzenden und gewalttätigen Verhaltensweisen, die uns selbst oder andere Menschen in Angst treiben und zerstören können, das ist ein Anfang. Dazu gehört Mut und das nennen wir Zivilcourage.

Auch in anderen Regionen der Welt sagen Menschen NEIN und wehren sich vorbildhaft für ihre Kinder. Mittlerweile wird der mutige Widerstand als „Frauenaufstand im Macholand"

---

165 Vgl. García, Oliver (Hg.): § 177 - Sexueller Übergriff; sexuelle Nötigung; Vergewaltigung - Besonderer Teil (§§ 80 - 358). In: 13. Abschnitt - Straftaten gegen die sexuelle Selbstbestimmung (§§ 174 - 184j) - dejure.org. URL: Gesetzestext § 177 Strafgesetzbuch: dejure.org/gesetze/StGB/177.html (abgerufen: 3.9.2017)

auch in Europa wahrgenommen.[166] In den Lateinamerika Nachrichten wird von starken Frauen in 50 Ländern der Welt berichtet, die anlässlich des internationalen Frauentages am 8.3.2017 gegen Sexismus, Femizid[167] und Männergewalt protestierten. Besonders in Argentinien, Brasilien, Chile, Mexiko und Uruguay zeigen sich die Frauen mit kreativen und bunten Widerstandsaktionen immer häufiger, lauter und zahlreicher in der Öffentlichkeit.[168] Das lässt die Männerobrigkeit ziemlich nervös werden.

Wieviel gewaltfreier wäre unsere Gesellschaft, wenn wir schon als Kinder erfahren hätten, dass unsere Bedürfnisse - auch unser Nein - ernst genommen und unsere Abgrenzungen von allen respektiert worden wären. Die seelischen und körperlichen Grenzen von anderen Menschen wahrzunehmen und zu achten sowie diese Fähigkeiten auszubilden, ist meines Erachtens eine der wichtigsten Aufgaben für uns selbst sowie in allen Bereichen unserer Gesellschaft.

Neue Verhaltenskulturen sind erdacht und erprobt worden. Zum Beispiel können die Konzepte der „Gewaltfreien Kommunikation" (GFK) sofort in gesellschaftlichen Zusammen-

---

166 Vgl. Stocks, Michael: Frauenaufstand im Macholand - Die neue Revolution in Lateinamerika. In: ARD - Weltspiegel. Stand: 8.6.2017. URL: https://www.daserste.de/information/politik-weltgeschehen/weltspiegel/reportage/sendung/frauenaufstand-im-macholand-108.html (abgerufen: 3.9.2017)

167 Femizid bedeutet Frauentötung

168 Vgl. Fix, Claudia: Frauenbewegung - DIE ERDE BEBTE. In: Lateinamerika Nachrichten, Nummer 514. Stand: April 2017. URL: lateinamerika-nachrichten.de/?aaartikel=die-erde-bebte (abgerufen: 3.9.2017)

hängen, zum Beispiel im Bildungsbereich, als Firmenkultur oder im Politikgeschäft verankert werden.[169]

Beim Training dieser konstruktiven Kommunikationsform erleben wir zuerst, wie ungeübt wir noch darin sind. Vor allem, wenn wir zum Beispiel gefühlsmäßig in einen Konflikt mit einem anderen Menschen verwickelt sind. Dann springt sofort unser Verteidigungssystem an. Wir geben dem anderen die Schuld an dem, was gerade schief läuft. Das löst bei unserem Gegenüber einen Abwehrmechanismus aus - denn niemand fühlt sich bei Beschuldigungen und Vorwürfen wohl. Damit ist die Verständigungschance beendet. Viele reden dann häufig noch lange weiter, eine effektive Lösungsmöglichkeit, mit der beide gut leben können, rückt jedoch in weite Ferne.

Hier setzt Marshall B. Rosenberg[170] mit seiner schon vor rund dreißig Jahren entwickelten „Gewaltfreien Kommunikation" an. GFK geht davon aus, dass hinter jedem aggressiven Verhalten ein unerfülltes Bedürfnis steckt und dass Menschen soziale Wesen sind, die sich nach wertschätzender Verbindung und Mitgefühl sehnen. Die Ziele der GFK beinhalten dementsprechend eine Suche nach der Erfüllung der eigenen Bedürfnisse, ohne Andere zu beeinträchtigen oder ihnen Gewalt an-

---

169 Vgl. Dietz, Angela: Bessere Beziehungen durch Gewaltfreie Kommunikation (GFK). In: Zeitzuleben. Stand: 2016. URL: www.zeitzuleben.de/gewaltfreie-kommunikation/

Vgl.a. Heidegger, Teresa, Wolf, Tatjana: Was ist Gewaltfreie Kommunikation. In: Gewaltfrei-Glücklich. URL: www.gewaltfrei-gluecklich.de/gewaltfreiekommunikation.phtml

170 Marshall B. Rosenberg, Psychologe, (1934 bis 2015) entwickelte die Gewaltfreie Kommunikation zusammen mit Bürgerrechtlern, die die Rassentrennung in öffentlichen Einrichtungen überwinden wollten.
Vgl. Rosenberg, Marshall B.: Gewaltfreie Kommunikation: Eine Sprache des Lebens, 9.Auflage, Paderborn 2010

zutun. Weiterhin geht es bei GFK darum, schmerzhafte Kommunikation zu verhindern und die Konflikte als Klärungschancen zu nutzen. Dadurch können Beziehungen friedvoll aufgebaut, wiederhergestellt und erhalten werden. Die Lernschritte der GFK üben eine klare Ausdrucksweise, indem in „Ich-Botschaften" die genaue Beobachtung - nicht die Bewertung - des Problems, sowie die eigenen Gefühle und Bedürfnisse dazu beschrieben werden. Eine Verbesserungsmöglichkeit für die Zukunft wird in konkreten Bitten ausgedrückt. Weiterhin wird die Einfühlung in sich selbst und in die anderen geschult. Dies sind weitgehend Fähigkeiten, die in unserer Erziehung und im gesellschaftlichen Kontext bisher leider wenig oder nicht trainiert werden.

Wie kann eine Gesellschaft in Frieden kommen und bleiben[171], wenn sie Krieg für ein probates Mittel hält, um Konflikte auszutragen und den Ressourcenraub imperialistischer Länder[172] für selbstverständlich hält? Um Frieden weltweit zu finden, gehört unbedingt auch das Nein zu Krieg, Rüstungsproduktion und Umweltzerstörung dazu. Auch hier könnten die „Gewaltfreie Kommunikation" sowie andere Konfliktlösungen Friedensstiftendes bewirken. Dann kann ein echtes „Ja

---

[171] Vgl.a. Daniele Ganser, Franz Ruppert, J. Lehrich und F. Kirner: Im Gespräch: „Krieg ist heilbar!". In RUBIKON. Stand: 17.11.2021. URL: https://www.youtube.com/watch?v=GhAcaqDp4Fg (abgerufen 17.6.2023)

[172] Imperialismus bedeutet Herrschaft oder Reich (imperium). Heute betrifft er die Ausbreitungspolitik der Großmächte, wie z.B. Großbritanniens, Frankreichs, Deutschlands, Russlands sowie der USA und Japans. Vgl. Gruler, Sabine, Wagner, Kirsten (Hg.): Was ist Imperialismus? In: Zeitklicks, Kaiserzeit. URL: www.zeitklicks.de/kaiserzeit/zeitklicks/zeit/politik/begriffe-kurz-erklaert/was-ist-imperialismus/ (abgerufen: 3.9.2017)

zum Leben" wachsen, wie es der Friedensaktivist Bernhard Trautvetter ausdrückt.[173]

## Sexuelle Funktionsstörungen „verstehen"

Sexuelle Funktionsstörungen[174] zeigen sich bei Männern[175] als Orgasmusstörungen (am häufigsten vorzeitiger Samenerguss - Ejaculatio praecox; seltener verzögerte Ejakulation - Ejaculatio retarda), Erektionsstörungen[176], geringes sexuelles Verlangen (Libidoverminderung), Schmerzen und Missempfindungen im Zusammenhang mit Sexualität sowie exzessives Sexualverhalten (Sexsucht).

---

173 Vgl. Trautvetter, Bernhard: Unser „Nein" zur Unterdrückung ist ein „Ja" zum Leben! In: KenFM. Stand: 18.7.2016. URL: kenfm.de/unser-nein-zur-unterdrueckung/ (abgerufen: 3.9.2017)

174 Vgl. Depner, Dr. med., Michael: Sexuelle Störungen. In: Seele und Gesundheit - Informationen zu Psychiatrie und Psychotherapie. URL: www.-seele-und-gesundheit.de/diagnosen/sexuelle-stoerungen.html (abgerufen: 3.9.2017)

175 Vgl. SMK - Sexualmedizinisches Kompetenzzentrum (Hg.): Sexuelle Funktionsstörungen bei Männern. Stand: 2016. URL: www.smk-hannover.-de/Sexuelle-Funktionsstörungen-bei-Männern (abgerufen: 3.9.2017

176 Ein Lied zum Zusammenhang von Burnout und Erektionsstörungen: Vgl. Klapp, Marian: Sexualität und Burnout: „Johannes".In: YouTube. Stand: 5.9.2016. URL: youtu.be/DzG6-OjaV1s (abgerufen: 3.9.2017)

Bei Frauen[177] steht geringes sexuelles Verlangen an erster Stelle, gefolgt von Erregungs- und Orgasmusstörungen sowie Schmerzen beim Geschlechtsverkehr. Körperliche Ursachen (sexuelle Dysfunktionen) sollten zuerst abgeklärt und ausgeschlossen werden.

Die Ursachen für sexuelle Funktionsstörungen sind so vielfältig, wie die Hintergründe der Menschen unterschiedlich sind. Sexuelles Begehren (Libido) ist ein zartes Pflänzchen, das schnell absterben kann. Multifaktorielle Ursachen tragen dazu bei.[178] Depressionen und Stress (bis hin zum Burnout[179]) sind in unserer Zeit weit verbreitet. Abgestumpfte und lieblose Begegnungen in der Partnerschaft leider ebenso. Sexuelle Gewalt und/oder Mangel an Zuwendung in der Kindheit und im Erwachsenenalter töten nachvollziehbar die Keime der Lust. Sexuelle Funktionsstörungen können auch als Hinweise fungieren, wenn für eine notwenige Abgrenzung bisher keine anderen Möglichkeiten gefunden wurden. So wie bei Jakob, für den die mangelnde Erektionsfähigkeit einen Impuls darstellte, sich weiter auf den Weg zu begeben. Und der dann erlebte, wie er den Hintergründen seiner Pornosucht auf die Spur kam und sich daraus befreien konnte.

Die tiefenpsychologisch orientierte Sexualtherapie kann nach den Ursachen forschen, sie häufig auch finden und die

---

177 Vgl. SMK - Sexualmedizinisches Kompetenzzentrum (Hg.): Sexuelle Funktionsstörungen bei Frauen. Stand: 2016. URL: www.smk-hannover.de/ Sexuelle-Funktionsstörungen-bei-Frauen (abgerufen: 3.9.2017)

178 Vgl. Buchner, Elisabeth: Wach auf, Libido! In: Hormonselbsthilfe. URL: www.hormonselbsthilfe.de/themen/libidoschw (abgerufen: 3.9.2017)

179 Vgl. Weinz, Esther: Was ist ein Burnout-Syndrom? Wer ist betroffen? In: ACCAdemia BERATUNG - BILDUNG - THERAPIE. Stand: 13.6.2016. URL: www.accakassel.de/ACCA/GesundheitsCoaching.html (abgerufen: 3.9.2017)

darin gebundene Seelenqual erlösen. Manchmal gelingt das leicht, manchmal dauert es länger. Besonders bei jungen Menschen sind die Störungen noch nicht so stark chronifiziert und die Therapieprozesse können - manchmal sogar nach wenigen Sitzungen - aus der seelischen oder körperlichen Not befreien.

Marie (Mitte dreißig) kam wegen Schmerzen beim Sex in die Therapie. Vor zwei Jahren wurde sie Mutter einer Tochter. Sie fühlt sich sehr verbunden mit ihrem Mann und war von Italien nach Deutschland gezogen, um mit ihm zu leben. Die kleine Familie hat sich auf dem Land ein schönes Nest gebaut. Sie arbeitet als Malerin, er als Bildhauer. In der Anamnese wurde deutlich, dass sowohl ihre Mutter als auch ihre Großmutter Schmerzen beim Koitus hatten. Marie fühlte sich der Großmutter sehr verbunden. Als diese starb, blieb sie tagelang alleine in deren Haus, um ihr noch möglichst lange nahe zu sein. Die Großmutter war sehr gebildet und kannte sich gut in Kunst und Literatur aus. Das prägte Marie. Die Oma hatte jedoch auch sehr enge Moralvorstellungen. Und sie verachtete die meisten Männer. Auch das beeinflusste Marie. In der therapeutischen Arbeit wurde ihr deutlich, wie sehr sie die engen Vorstellungen der Großmutter zur Sexualität unbewusst verinnerlicht hatte. Nach und nach konnte sie diese konservativen Vorstellungen an die Oma zurückweisen. Gleichzeitig konnte sie mit deren künstlerischem Erbe weiter verbunden bleiben.

Drei Wochen später kam sie zum nächsten Termin und berichtete sehr erfreut, dass der Geschlechtsverkehr mit ihrem Mann zum ersten Mal viel weniger schmerzhaft gewesen sei. Bei einem Termin bei ihrer Frauenärztin stellte diese fest, dass sie eine Narbenstörung im Genitalbereich hat, die durch einen Dammriss unter der Geburt entstanden war. Die Ärztin überwies zu einer Kollegin, die Akupunktur durchführt. Sie soll die Narbe soweit entstören, dass die körperliche Komponente des Schmerzsyndroms auch damit behoben werden könnte. Nach mehreren Behandlungen ist diese Therapie erfolgreich gelungen und sie hat keine Schmerzen mehr beim genitalen Sex. Marie arbeitet weiter an sich und ist im Laufe der Zeit auf viele interessante Zusammenhänge zwischen ihrer Biographie und ihrem erwachsenen Leben heute gestoßen und konnte alte Belastungen loslassen.

Theodor suchte mit 25 Jahren die Sexualtherapie wegen Erektionsstörungen auf. In der Biographie konnte eine massive Traumatisierung festgestellt werden. Die Mutter hatte bei dem Sechsjährigen über Monate eine Phimose in brutaler Art „selbst behandelt", indem sie immer wieder die Vorhaut zurück zog, bis hin zu blutigen Einrissen. Als dieser Zusammenhang für Theodor deutlich wurde, konnte er verstehen und annehmen, warum er Erektionsprobleme hatte. Nach dieser Erkenntnis hatte er wieder etwas mehr Lust auf Sex. Er konnte nach und nach seine Erektionen zulassen und genoss zunächst die Selbstbefriedigung. Während er langsam auch wieder nach Frauen Ausschau hielt, hatte er weniger Angst dabei. Ihm war nun klar, dass er heute alle sexuellen Berührungen jederzeit stoppen konnte, wenn ihm irgendetwas weh tun würde. Theodor hatte gespürt, dass es eine „unerhörte Geschichte" gegeben hatte. Als diese ans Licht gekommen war, gab ihm das die Freiheit zu sich und seiner besonderen Empfindsamkeit zu stehen. Dann konnte er auch seinen „Schwanz wieder stehen lassen".

Nach schweren traumatischen Erlebnissen, besonders nach lebensbedrohlichen Ereignissen, ist es manchmal auch nach langandauernder Psychotherapie nicht möglich, Lust oder bestimmte sexuelle Handlungen (wie zum Beispiel Penetration) zuzulassen. Dann gilt es, sich mit dieser Problematik anzunehmen, statt in Selbstvorwürfe zu gehen. Vor allem ist es wichtig, sich nicht immer wieder selbst zu vergewaltigen, nur um einem scheinbaren Normalbild gerecht zu werden. Diese innere Haltung der Grenzziehung wird dann häufig als große Erleichterung empfunden. Sie ist ein Akt der Selbstliebe. Sie ist Voraussetzung für ein befriedigendes Leben - eventuell auch ohne Sex.

## Mein Zauberstab[180] muss gar nichts (Marian Klapp[181])

Mein Zauberstab darf klein sein,
mein Zauberstab darf frei sein,
er darf sich im Wasser zusammenzieh'n,
mein Zauberstab darf frech sein,
mein Zauberstab darf echt sein,

er darf einem Sex-Angebot entflieh'n,
mein Zauberstab darf flitzen,
mein Zauberstab darf spritzen,
er darf sich wenden, wickeln, dreh'n,

mein Zauberstab darf passen,
den Höhepunkt verpassen,
oder früher kommen
als angenommen,
er darf auch in peinlichen Momenten steh'n,
mein Zauberstab muss gar nichts, kannste versteh'n?

---

180 Synonyme für das männliche Glied sind vielfältig. Setze ein, was dir am besten gefällt: Schwanz, Pimmel, Penis, Glied, Bolzen, Latte, Rute, Schaft .... Mehr Synonyme gibt es hier: Vgl. WEB'arbyte GbR (Hg.): Synonyme für Penis. URL: www.sprachnudel.de/tag/penis (abgerufen: 3.9.2017)
181 Marian Klapp hat das bisher unveröffentlichte Gedicht für dieses Buch geschrieben: Mein Zauberstab muss gar nichts, Braunschweig 2016

# Die Freiheit, jeden erwachsenen Menschen zu begehren und zu lieben

## Gruppenbezogene Menschenfeindlichkeit

Trotz der strafrechtlichen Liberalisierung in den letzten zwanzig Jahren ist Homophobie[182], offen oder subtil, auch in Europa weit verbreitet. Häufig gehen Rassismus und Fremdenfeindlichkeit damit einher. Mehr als die Hälfte (54%) der Lesben, Schwulen, Bisexuellen und Transgender[183] in Europa fühlen sich nach einer Studie der EU-Grundrechte-Agentur (FRA) aus dem Jahr 2015 auf Grund ihrer sexuellen Orientierung kriminalisiert und belästigt. Es wird berichtet, dass Angst, Isolation und Diskriminierung wegen ihrer sexuellen Präferenzen als sexuelle Minderheiten immer wieder ihren Alltag belasten.[184]

Heute (2023) ist das Thema LSBTIQ+[185] in der nordwestlichen gesellschaftlichen Realität sehr prominent vertreten. Für mich fühlt es sich übertrieben an, wobei ich natürlich keinen

---

[182] Homophobie bezeichnet sozialeFeindseligkeit und Abneigung gegen Menschen, die nicht heterosexuell leben ( meistens gegen Lesben und Schwule) Dahinter steckt eventuell die Angst bis Panik vor dem eigenen unterdrückten Begehren zum gleichen Geschlecht:

[183] Transgender steht als Oberbegriff für Menschen, die sich nicht mit dem durch die Geburt bestehenden Geschlecht identifizieren.

[184] Vgl. Agentur der Europäischen Union für Grundrechte (Hg.): Leben als Trans* in der EU - Vergleichende Datenanalyse aus der EU-LGBT-Erhebung - Zusammenfassung. In: Publikationen. Stand: Mai 2015. URL: fra.europa.eu/de/publication/2015/leben-als-trans-der-eu-vergleichende-datenanalyse-aus-der-eu-lgbt-erhebung (abgerufen: 3.9.2017)

[185] korrekte Schreibweise? für Lesben, Schwule, Bisexuelle, Transgender, intergeschlechtliche und queere Menschen und weitere Geschlechtsidentitäten.

Hehl daraus mache, dass es in jeder Gesellschaft sozial, juristisch und von den Religionen her, für jede und jeden möglich sein sollte, seine sexuellen Neigungen zu leben, wenn dadurch niemand geschädigt wird. Leider fühlt sich dieser starke Ausschlag nicht nur wie eine Pendelbewegung in die Freiheit an, sondern wie schon im Vorwort angesprochen, wird diese Bewegung m.E. für Ablenkung und Spaltung der Menschen mißbraucht.

Weltweit jedoch wird die Homophobie von Religionsfanatikern (besonders durch Muslime, Juden und orthodoxe Christen) weiter befördert.[186] In vielen Ländern besteht ein großes Risiko bis hin zum Verlust des Lebens, sich offen zu einer sexuellen Minderheit zu bekennen.[187] In Somalia, dem Iran, den Vereinigten Arabischen Emiraten und Saudi-Arabien werden Homosexuelle zum Tode verurteilt.[188]

Die Verfolgung von Homosexuellen ist jedoch nicht nur in muslimisch geprägten Ländern der traurige, andauernde Zustand. Christen haben in grausamster Weise über Jahrhunderte Homosexuelle weltweit gemeuchelt und ihr religiöses Erbe

---

186 Vgl. Finger, Anja: Homosexualität/en und Religion/en. In: Bundeszentrale für politische Bildung (bpb), Dossier Homosexualität. Stand 24.11.2010. URL: www.bpb.de/gesellschaft/gender/homosexualitaet/38892 (abgerufen: 3.9.2017)

187 Vgl. The International Lesbian, Gay, Bisexual, Trans and Intersex Association (ILGA), (Hg.): Strafrechtliche Verfolgung. In: Bundeszentrale für politische Bildung (bpb), Dossier Homosexualität. Stand 24.11.2010. URL: www.bpb.de/gesellschaft/gender/homosexualitaet/38847/strafrechtliche-verfolgung (abgerufen: 3.9.2017)

188 Vgl. Schäfer, Manfred: Gay Travel Index 2017 - Das sind die gefährlichsten Reiseländer für Homosexuelle. In: t-online. Stand: 22.7.2017. URL: www.t-online.de/leben/reisen/reisetipps/id_81609858/gay-travel-index-die-gefaehrlichsten-reiselaender-fuer-homosexuelle.html (abgerufen: 3.9.2017)

auch nach den Autonomiebewegungen in den ehemaligen Kolonien hinterlassen. Homosexualität steht in 36 der 54 afrikanischen Staaten unter Strafe. Zeit-Online berichtet von erzkonservativen Evangelikalen aus den USA, die Homophobie in Uganda predigen und 2013 eine Hetzjagd auslösten. Je mehr ugandische Kirchenmänner liberale Standpunkte verlassen, desto größer ist der Dollarsegen aus den reaktionären Töpfen.[189]

„Vor der Kolonialzeit und der Ausbreitung des Christentums und westlicher Werte wurde Homosexualität in vielen Ländern oft akzeptiert oder zumindest toleriert, aber mitnichten strafrechtlich sanktioniert. Die Überzeugung, dass die Forderung nach Abschaffung der Sanktionen aus dem dekadenten Westen zurückgewiesen werden müsse, wird finanziell und geistig unterstützt von religiösen Gruppierungen besonders aus den USA, die hier Terrain sichern wollen, das in ihrer Heimat verloren ging."[190]

---

189 Vgl. Böhm, Andrea, Kemper, Anna: Homophobie - Missionare des Hasses. In: ZEIT ONLINE. Stand: 21.2.2013. URL: www.zeit.de/2013/09/Uganda-Missionare-Homophobie/seite-2 (abgerufen: 3.9.2017)

190 Mengel, Hans-Joachim: Homosexualität und internationaler Menschenrechtsschutz In: Bundesamt für politische Bildung (bpb), Dossier Homosexualität. Stand:17.5.2010. URL: www.bpb.de/gesellschaft/gender/homosexualitaet/38883 (abgerufen: 3.9.2017)

## Homophobie

Der Begriff „Phobie" weist scheinbar auf Angst als Ursache von feindseligen Einstellungen gegenüber homosexuellen Menschen hin, so hat jedoch Homophobie keine Gemeinsamkeiten mit einer klassischen Angststörung. Während bei Jugendlichen durchaus Angst vor eigenen noch unerlebten Persönlichkeitsfacetten eine Ursache von Homophobie darstellen kann, ist Homophobie wie Rassismus, Sexismus oder Antisemitismus vor allem in seinem sozialen, gesellschaftlichen und politischen Zusammenhang zu sehen.

Manchmal kommen junge Männer in die sexualtherapeutische Praxis, weil sie befürchten, homosexuell zu sein. Stimuliert werden sie zum Beispiel durch Männergesichter, nackte Männerbilder, große Penisse oder Sexszenen mit Männern. Diese Bilder tauchen in Tag- oder Nachtträumen auf, werden mächtig, bis hin zur Obsession[191]. Sie erregen heftig, obwohl das nicht gewollt ist oder sogar stark abgelehnt wird. Häufig steigt der Druck zu onanieren, verbunden mit Schuldgefühlen und dem inneren Schrei: Ich will nicht schwul sein! In einer Welt, die milieuabhängig eher offen oder subtil homophob ist, ist die Verunsicherung dementsprechend groß.

Die Lösungen aus diesem Dilemma sind individuell. Zum einen kann es das allmähliche Annehmen der Homosexualität sein. Es können erste vorsichtige, reale Erfahrungen mit anderen Lesben oder Schwulen ausprobiert und erlebt werden. Dann kann sich zeigen, ob diese Art der sexuellen Begegnung wirklich den eigenen Bedürfnissen entspricht.

---

[191] In der psychologischen Diagnostik wird Obsession als selbstquälendes und zwanghaftes Verhalten, als Zwangsstörung (ICD 10: F42 Zwangsgedanken und Zwangshandlungen) beschrieben.

Zum anderen Mal kann die Homophobie ihre Wurzeln in der Familiengeschichte haben. Eventuell weil eine nahestehende Person - aus einer vorhergehenden Generation - berechtigte Angst vor lebensgefährlichen Strafen hatte. Zum Beispiel wenn Vorfahren in der Zeit des Nationalsozialismus wegen homoerotischer Kontakte verfolgt wurden. Somit kann erkannt werden, dass der Drang hin zur Homosexualität oder die Angst davor nicht den eigenen Bedürfnissen entspricht, sondern für einen nahen Verwandten mitgetragen wird. Dann gilt es, diese fremden übernommenen Traumatisierungen zu sehen und symbolisch an den, von dem die Last ursprünglich ausging, zurückzugeben.

Eine andere Lösung kann sein, zu erkennen, dass viele Menschen bisexuell sind. Also die Möglichkeit und das Bedürfnis haben, das gleiche UND auch das andere Geschlecht zu begehren, gleichzeitig oder in Folge. Ein Mensch kann bisexuell sein und sich entscheiden, heterosexuell, homosexuell oder eben bisexuell zu leben. Wichtig ist, dass eine innere Übereinstimmung mit den eigenen sexuellen Bedürfnissen und den sozialen Zusammenhängen gefunden wird.

Zu seelischem Leid führt es, wenn die sexuellen Präferenzen aus Angst vorm Schwul- oder Lesbischsein unterdrückt werden. Dann ist sexualtherapeutische Unterstützung sehr sinnvoll. Ebenso wichtig ist es, die eventuellen Trauma-Hintergründe bei Menschen anzuschauen und ggf. zu lösen, die eine Geschlechtsumwandlung vornehmen lassen wollen. Wenn hormonelle und/oder operative Eingriffe geschehen, weil damit ein altes Trauma verdrängt werden soll, dann wird die Belastung verstärkt. Weiterhin bin ich der Meinung, dass es unsere Aufgabe ist, uns mit dem Körper anzufreunden, mit dem wir auf diese Welt gekommen sind. Das ist unabhängig von der sexuellen Vorliebe zu einem bestimmten Geschlecht.

## Yusuf und sein mutiger Weg zur Selbstbefreiung

**Hintergrund**

Yusuf (31 Jahre) kam Mitte 2014 mit seinem Partner Stefan (41 Jahre) in die Paartherapie. Es fanden 10 Paarsitzungen statt, dann kam es zur Trennung. Yusuf hat in folgenden Einzelsitzungen mehr und mehr entdeckt, wer er ist und was er will.

Die Familie von Yusuf lebte bis 1990 in Albanien. Der Vater hatte einen Job als Altenpfleger in Deutschland gefunden. Die Mutter und Yusuf kamen einige Monate später nach. Yusuf war damals sechs Jahre alt. Die Eltern ließen sich scheiden, als er erwachsen war. Alle leben heute in Deutschland und sind mittlerweile gut in der hiesigen Gesellschaft gelandet.

Mit erstaunlichem Mut hat es Yusuf geschafft, zu seiner Homosexualität zu stehen, obwohl die Bedingungen in seiner muslimisch geprägten Familie besonders ungünstig waren. Als die Mutter erfuhr, dass Yusuf schwul ist, reagierte sie mit massiver Abwertung, emotionaler Erpressung und sogar mit Mord- und Selbstmorddrohungen. Für die Mutter war es ebenfalls ein sehr schwieriger Prozess, der jedoch mittlerweile hin zu einer toleranten Einstellung gelungen ist. Die Mutter ist dabei ihrer eigenen Befreiung von einengender Religiosität ein Stück näher gekommen.

Yusuf arbeitete lange als Hilfskraft in der Gastronomie. Vor kurzem schaffte er es, eine Ausbildung als Erzieher zu beginnen.

Interview

**Wann hast Du zum ersten Mal gespürt, dass Du homosexuell bist?**

Dieses Gefühl, mich zu Jungen hingezogen zu fühlen, war auch schon da, als ich noch ein kleines Kind war, also irgendwie schon immer.

**Wann ist Dir bewusst geworden, dass dein Schwulsein ein Problem sein könnte?**

Mit elf Jahren als ich zum ersten Mal in einen Jungen verliebt war. Als ich angefangen habe, darüber nachzudenken, wusste ich, dass das ein Problem ist. Vorher habe ich aber schon gespürt, dass ich nicht drüber reden kann. Dann habe ich mich zum ersten Mal bewusst damit auseinander gesetzt. Alle Kinder um mich herum haben mit Annäherungsversuchen zum anderen Geschlecht angefangen. Mir wurde dann bewusst, dass ich anders bin. Mir war deutlich, dass ich mich zurückhalten musste. Ich konnte zum Beispiel dem Jungen, in den ich verliebt war, keine Liebesbriefchen schicken. Das war klar, das ging nicht.

**Gab es irgendwann eine Anziehung zu Frauen?**

Als Kind fand ich hübsche Frauen anziehend, das hing nicht mit meiner Sexualität zusammen. Ich fand einfach die Optik einer Frau faszinierend, fand sie einfach schön und habe mir dann versucht einzureden, dass ich das eine oder andere Mädchen süß und sexy finde. Aber ich fand sie einfach nur hübsch.

**Erstes Outing?**

Als ich 16 Jahre alt war, habe ich meiner Mutter gesagt, dass ich bisexuell sei, weil ich dachte, dass das weniger schlimm für sie sei. An dem Abend hat sie das auch gut verkraftet. Das hat sich dann jedoch schnell verändert. Meine Mutter hat angefangen, mich zu beschimpfen, und gesagt, dass sie sich nicht vorstellen könne, dass ich mit Männern ficken würde. Ich war schockiert und habe dann zurückgerudert und gesagt, das sei bestimmt nur so eine Phase und sie solle sich keine Sorgen machen. Doch bei jeder kleinen Auseinandersetzung fing sie wieder davon an. Richtiger Psychoterror. Wenn im Fernsehen etwas über Homosexualität gezeigt wurde, dann meinte sie, die müsse man alle töten. Wenn ich mich nicht ändern würde, dann würde sie sich über meiner Tür erhängen. Oder ich solle aufpassen, dass sie mir in der Nacht nicht die Kehle durchschneiden würde.

Heute sehe ich das im Blick auf meine Mutter so, dass sie auf Grund ihrer Prägung durch ihre Kultur und ihre Biographie (sie war zeitweise praktizierende Muslima) nicht anders damit umgehen konnte. Meine Mutter war in dieser Zeit auch sehr belastet durch die Trennung von meinem Vater. Nach meinem Outing musste ich noch drei Jahre mit meiner Mutter leben. Das war schlimm, eine der schwierigsten Zeiten in meinem Leben. Ich war in der Pubertät, in der Schule Außenseiter durch meine Sexualität, ich hatte nicht viele Freunde. Und nach all diesen Angriffen von meiner Mutter musste ich mich innerlich von ihr distanzieren. Somit hatte ich niemanden.

Ich musste für mich herausfinden, ob das, was ich fühlte, wirklich schlecht und böse war - weil ich das ja so oft von meiner Mutter gehört hatte. Und ich hatte immer wieder große Angst, dass sie die schlimmen Androhungen umsetzen würde. Jahre später fiel es mir sehr schwer, ihr zu vergeben. Ich musste den Kontakt zu ihr erst einmal abbrechen und bin dann zu meinem Vater gezogen.

Das war auch ein Prozess in der Therapie, dass ich meinen großen Schmerz wegen des Verhaltens meiner Mutter spüren und annehmen und ihr dann allmählich vergeben konnte. Und heute kann ich sogar gut in meiner eigenen abgeschlossenen Wohnung in ihrem Haus leben. Manches Mal auch ein bisschen anstrengend, jedoch nicht zu vergleichen mit der Zeit damals. Heute akzeptiert sie mich und meinen neuen Freund. Manchmal essen wir zu viert. Ihr neuer Lebenspartner ist dann auch da. Durch ihn ist sie selbst auch viel freier geworden.

Mein Vater weiß offiziell nicht, dass ich schwul bin. Er tut so, als ob er es nicht wüsste. Meine Mutter hat ihm nichts davon gesagt. Er hat sich aus allem herausgehalten. Ich glaube jedoch, dass er es weiß. Wir reden nicht darüber.

**Gab es jemanden, dem Du Dich anvertrauen konntest?**

Ich hatte meine beste Freundin. Sie wohnte jedoch teilweise weiter weg, sodass ich sie nicht so oft sehen konnte. Dem Jungen, in den ich verliebt war, habe ich meine Liebe gestanden. Er hat darauf sehr positiv regiert, obwohl er selbst nicht schwul ist. Das hat mir - trotz der Erfahrung mit meiner Mutter - die Angst genommen, mich zu outen. Das hat mir Mut gemacht und wir sind bis heute sehr gute Freunde.

**Ab wann konntest Du deine Homosexualität leben?**

Die ersten sexuellen Erfahrungen liefen über das Internet. Ich war ungefähr fünfzehn Jahre alt und hatte im Netz einen zweiunddreißigjährigen Mann kennen gelernt. Wir haben geschrieben und telefoniert, jedoch nie über Sex gesprochen. Obwohl ich diesen Mann nie getroffen habe, auch nie ein Bild von ihm gesehen habe, habe ich mich in der Fantasie mit diesem Mann selbst befriedigt. Ich habe mich verliebt gefühlt, das war schön. Er hat mir unterschwellig das Gefühl vermittelt, dass ich mich mit meiner Sexualität annehmen konnte. Ich fühlte mich von ihm akzeptiert. Wir haben oft nachts telefoniert, er hat gesagt, er wolle gerne mit mir im Bett liegen, mich umarmen und streicheln. Das war alles so süß verpackt und das hat mir gut getan. Ich hatte das Gefühl, ich bin gut und ich bin genug.

**Das erste Mal Sex mit anderen Männern?**

Das erste Mal war ich mit 17 Jahren körperlich aktiv. Da habe ich zum ersten Mal einen Jungen geküsst und angefasst. Mit 20 Jahren hatte ich die ersten sexuellen Kontakte, bei denen wir nackt waren. Das fiel mir schwer. Ich habe mir Mut angetrunken, um mich überhaupt darauf einlassen zu können. Es war noch keine Penetration möglich. Ich hatte manuellen und oralen Sex. Falsch war, dass ich den Anspruch hatte, endlich mal loszulegen. Ich hatte es selbst erzwungen. Es war aufgesetzt und unecht. Ich wollte auch dazugehören, wo doch alle anderen schon Sex hatten. Obwohl ich als Schwuler sowieso nicht dazu gehören konnte.

**Die erste intensive Beziehung zu einen Mann, wie war das für Dich?**

Mit zwanzig Jahren habe ich dann Stefan kennen gelernt. Da hatte ich zum ersten Mal Sex mit Penetration. Das war am Anfang schön, das wollte ich von meinem Körpergefühl und von meiner Seele her. Irgendwann, relativ schnell, brauchte ich immer mehr das Gefühl, dass ich gut im Bett bin, gut genug bin, dass ich toll bin. Stefan hat mir ein gutes Gefühl gegeben, wenn ich im Bett funktionierte und so oft und so spontan Sex wollte wie er. Ich war der passive Partner. Das war oft schwierig, weil ich immer mehr das Bedürfnis hatte, meinen Darm exzessiv reinigen zu müssen, damit nichts schief ging. Das war jedoch verbunden mit körperlichem Schmerz. Gleichzeitig hatte ich das Gefühl, ich muss mit ihm Sex haben, damit er lieb zu mir ist. Ich war verliebt, ich habe ihn geliebt.

Wenn ich es dann nicht gebracht habe, dann fühlte ich mich nicht gut genug. Stefan war dann unfreundlicher oder distanzierter und ich fühlte offenen oder subtilen Druck von ihm ausgehend. Dem konnte ich nicht standhalten, und ich habe immer wieder meine Wünsche aufgegeben. Das hat mich zerstört. So war ich immer mehr in diesem Selbstvergewaltigungskreislauf, bis ich nicht mehr konnte. Es war schlimm. Jetzt, wenn ich daran denke, dann dreht sich mir der Magen um, dass ich das so viele Jahre ausgehalten habe. So viel Schmerz, körperlich als auch seelisch, und so viel Druck. Heute habe ich immer noch Angst, wenn ich jemanden kennen lerne, dass ich perfekt sein muss. Das treibt mich an. Ich habe ein großes Bedürfnis, von der anderen Person gemocht und gewollt zu werden. Dann habe ich Angst, dass ich meine Grenzen und meine Bedürfnisse wieder übergehen könnte.

**Wie gelang die Trennung von Stefan?**

Ich fühlte mich so abhängig von Stefan. Nach zweieinhalb Jahren war schon klar, dass es für mich überhaupt nicht mehr stimmte. Ich hatte Angst, Stefan zu enttäuschen. Ich hatte ein schlechtes Gewissen und das Gefühl, dass es an mir lag, dass es zwischen uns immer größere Spannungen gab. Das hat Stefan mir auch sehr stark vermittelt, dass ich der Schwierige sei. Die Trennung von Stefan fiel mir dann auch nach fünf Jahren noch sehr schwer. Er war meine erste Liebe, der erste Mann, das erste Mal.... Ich habe mich dann von ihm getrennt. Geholfen hat mir, als ich gesehen habe, wie sehr mich diese Situation unterdrückt, in jeder Hinsicht meines Lebens. Ich wusste, dass diese Beziehung mir schadet.

Die Therapie hat das beschleunigt, sonst hätte ich die Trennung nicht so klar geschafft, hätte noch länger gebraucht. Nach der Beziehung zu Stefan habe ich die Kraft gefunden, endlich die Ausbildung zu starten, die ich schon lange hatte beginnen wollen.

**Dann hast Du ja alleine Therapie weitergemacht, welche Bedeutung hatte das für Dich?**

Ich habe immer mehr über mich, meine Seele, meine Gefühle verstanden. Und woher meine Angst kam, nicht gut genug zu sein. Als eine der Ursachen wurde mir deutlich, dass meine Mutter in der Familie meines Vaters nicht akzeptiert und schlecht behandelt wurde. Sie hat oft geweint, wenn sie mit mir alleine war. Durch meine enge Verbindung zu ihr als einziges Kind habe ich vieles von ihr übernommen und mich dann auch minderwertig und nicht gut genug gefühlt.

**Wie geht es Dir heute als schwuler Mann?**

Heute geht es mir viel besser. Ich bin viel klarer und weiß, was ich will und was ich nicht will. Gleichzeitig sehe ich meine Baustellen deutlicher. Das ist manchmal nicht einfach. Es fühlt sich aber gut an, dass ich mir nahe bin und nicht mehr alles von dem Geliebten abhängig mache. Ich kann mir mittlerweile selbst ein gutes Gefühl geben. Ich bin stolz darauf, was ich geschafft habe. Der Schritt mit der neuen Ausbildung gibt mir viel Selbstvertrauen und Selbstbewusstsein. Ich stehe hinter dem, was ich tue.

**Fühlst Du Dich heute noch „fremd" in Deutschland?**

Ich fühle mich hier sehr integriert. Es ist jedoch unmöglich, mit meinen Landsleuten aus Albanien ehrlichen Kontakt zu haben, bei ihnen mit meiner Homosexualität offen umzugehen. Dass ich schwul bin, das könnten sie nicht verstehen und nicht akzeptieren. Ich muss mich von ihnen distanzieren, sonst müsste ich ein „falsches" Leben leben. Also ich müsste verheiratet sein und Kinder haben.[192] Damit ist mir ein offener Zugang zu meinen Wurzeln abgeschnitten. Das finde ich sehr schade.

## Eine lange und gefährliche Reise zum Menschenrecht

Gleichgeschlechtliche Liebe war nicht immer verpönt oder gar verboten. In der Antike war es offenbar leichter, homosexuell zu leben. Kulturfunde aus dieser Zeit zeigen ohne Tabuisierung sexuelle Handlungen zwischen Männern. Historiker gehen davon aus, dass Homosexualität gesellschaftlich akzeptiert war.

Als das Christentum stärker an Einfluss gewann, wurden Homosexuelle in Europa zu gesellschaftlichen Außenseitern. Im deutschsprachigen Raum galten im christlichen Mittelalter gleichgeschlechtliche Sexualbeziehungen als Sodomie[193] – als sexuelle Praktik, die als pervers und widernatürlich galt. Homosexuelle endeten damals wegen sogenannter Unzucht häufig auf dem Scheiterhaufen. Im Reichsstrafgesetzbuch wurde 1872 der Paragraf 175 erstellt. Im gesamten deutschen Kaiserreich konnten nun per geltendem Recht homosexuelle Handlungen unter Männern mit Gefängnis bestraft werden.

---

192 Vgl. Hildebrandt, Paul: Schwul in Albanien - Der erste, der das Schweigen bricht. In: Tagesspiegel. Stand: 7.8.2015. URL: www.tagesspiegel.de/berlin/queerspiegel/schwul-in-albanien-der-erste-der-das-schweigen-bricht/12101170.html (abgerufen: 3.9.2017)

193 Als Sodomie wurden im religiösen Kontext sexuelle Handlungen bezeichnet, die nicht der Zeugung von Kindern in der Ehe dienten. Sodomie bezeichnet heute hauptsächlich sexuelle Praktiken mit Tieren.

Magnus Hirschfeld, Arzt und Sexualforscher, begründete daraufhin die erste Homosexuellenbewegung. Er verlangte die Aufhebung dieses diskriminierenden Paragrafen. Er stellte mit seinen Forschungen schon damals klar, dass es sich bei Homosexualität nicht um eine Krankheit, sondern um eine angeborene sexuelle Präferenz handelt. 1990 hat dann auch endlich - viel zu spät! - die Weltgesundheitsorganisation Homosexualität von der Liste psychischer Krankheiten gestrichen. In Deutschland sollten mehr als 120 Jahre vergehen, bis der repressive Paragraf 175 im Juni 1994 endgültig aus dem Gesetzbuch gestrichen wurde. Dazwischen lag die brutale Unterdrückungsmaschinerie der Nationalsozialisten. Die zaghaften Emanzipationsbewegungen aus der Weimarer Republik endeten in verschärfter Repression, die dann ab 1940 alle „bestraften" Homosexuellen in Konzentrationslager deportierte.

Weltweit gibt es weiterhin noch sehr viel zu tun auf dem Weg zur juristischen und gesellschaftlichen Gleichstellung sexueller Minderheiten. Als positiver Lichtblick, nicht nur bezüglich der juristischen, sondern auch der gesellschaftlichen Gleichstellung von sexuellen Minderheiten, steht seit Jahren Schweden an der Weltspitze. Dazu gehören die in der Verfassung verankerten Antidiskriminierungsgesetze und die Gleichstellung für Homosexuelle in den Ehegesetzen sowie bei der Adoption eines Kindes. Als erstes Land hatten 2001 die Niederlande gleichgeschlechtlichen Paaren die Ehe erlaubt.

Deutschland hat im Juni 2017 nach langen Diskussionen die juristische Gleichstellung von Homosexuellen („Ehe für

Alle") mit großer Mehrheit im Bundestag beschlossen.[194] Lesbische und schwule Ehen sind damit heterosexuellen Ehen in allen Punkten gleichgestellt. Das bezieht sich auch auf die gemeinsame Adoption von Kindern. Damit outet sich Deutschland als Spätzünder in Sachen Gleichstellung.[195]

Solange Suizidalität unter homo- und bisexuellen Menschen deutlich erhöht ist[196], solange homophobe Straftaten auch 2017 in Deutschland weiter zunehmen[197], solange in Schulen Mobbing gegen schwule und lesbische Jugendliche weit verbreitet ist, solange gibt es noch viel an Präventionsarbeit zu leisten. Auch wenn sich zum Glück ein Großteil der Deutschen für die Gleichstellung der Homosexuellen aussprechen, war in unserer Gesellschaft der sexualpolitische Umdenkungsprozess 2017 noch nicht abgeschlossen.[198]

---

[194] Der 30. Juni 2017 wurde von vielen homosexuellen Paaren als der historische Tag zurecht gefeiert. Dabei ging unter (mit Absicht?) was an Überwachungsgesetzgebung ebenfalls den Bundestag passierte.
Vgl. Kirner, Florian: KenFM am Telefon: Florian Kirner über Ehe für ALLE und Totalüberwachung. In: KenFM. Stand: 4.7.2017. URL: kenfm.de/floriankirner-homo-ehe-totalueberwachung/ (abgerufen: 3.9.2017)

[195] Vgl. Nicolai, Frank: Ehe für alle - Eine historische Abstimmung. In: Humanistischer Pressedienst. Stand: 30.6.2017. URL: hpd.de/artikel/historische-abstimmung-14579 (abgerufen: 3.9.2017

[196] Vgl. Steger, Florian: Suizidalität bei Homosexuellen: Gezielte Prävention gefordert. In: Ärzteblatt, Bücher. Stand: PP 6, Ausgabe April 2007, S. 189. URL: www.aerzteblatt.de/archiv/55224 (abgerufen: 4.9.2017)

[197] Vgl. ZEIT ONLINE (Hg.): Homophobie - Mehr Attacken gegen Schwule und Lesben. In: ZEIT ONLINE. Stand: 9.8.2017. URL: http://www.zeit.de/gesellschaft/zeitgeschehen/2017-08/homophobie-deutschland-attacken-schwule-lesben (abgerufen: 4.9.2017)

[198] 2023 sieht die Situation anders aus, s. Vorwort S.10

## Bunte sexuelle Vielfalt leben

Auch in unserer Zeit beschäftigen sich die Medien noch mit der Frage nach den Ursachen der Homo- oder Bisexualität. Mittlerweile gilt jedoch in der öffentlichen Meinung, dass heute kein Ernst zu nehmender Wissenschaftler mehr die These von einer Krankhaftigkeit der Homosexualität vertritt. Vielmehr sind sich Forscher einig, dass Homosexualität, völlig natürlich ist und kein selbst erwählter Lebensstil. „Wenngleich sich die meisten Menschen heterosexuell verhalten, sind gleichgeschlechtliche Neigungen ebenfalls weit verbreitet. Aktuellen Schätzungen zufolge finden circa zwei bis fünf Prozent aller Männer und ein bis drei Prozent aller Frauen in Nordamerika und Mitteleuropa ausschließlich das eigene Geschlecht anziehend. Weitere zehn bis dreißig Prozent pflegen zudem gelegentlich Kontakte, die nicht heterosexuell sind."[199]

Die Queer-Bewegung[200] wehrt sich dagegen, die eigene Sexualität in bestimmte Schubladen - auch nicht in die homosexuelle - einzusortieren. Sie ist mit anderen gesellschaftskritischen Gruppen politisch verbunden und grenzt sich von der mittlerweile sehr stark im bürgerlich-konservativen Lager angepassten Homosexuellen-Bewegung ab.

In Primärgesellschaften wird zum Teil ein wesentlich offenerer Umgang mit Homo- oder Bisexualität gelebt, bezie-

---

[199] Hengerer, Gesa (Redaktion). Welche evolutionären Gründe gibt es für Homosexualität? In: wissenschaft : im dialog. Stand: 2.5.2019. URL: https://www.wissenschaft-im-dialog.de/projekte/wieso/artikel/beitrag/welche-evolutionaeren-gruende-gibt-es-fuer-homosexualitaet/ (abgerufen 22.6.2023)

[200] Queer, ein englisches Adjektiv, das von dem deutschen Wort „quer" abstammt. Es bedeutet, dass Menschen, Handlungen oder Dinge von der Norm abweichen.

hungsweise Sexualität wird überhaupt nicht in diese Kategorien eingeteilt. Sobonfu Somé aus Burkina Faso schreibt: „Homosexualität wird im Dorf völlig anders betrachtet als im Westen, was teilweise damit zusammenhängt, dass jede Sexualität auf Spiritualität basiert. Aus dem spirituellen Kontext herausgerissen, führt sie zu Kontroversen und kann ausgenutzt werden. Im Dorf würde man nie beobachten können, dass TorhüterInnen, oder überhaupt irgendjemand ihre oder seine Sexualität öffentlich zeigt oder Bemerkungen zur Sexualität anderer macht."[201]

In den westlichen Gesellschaften erregen zunehmend „erotische Machtspiele" in Literatur und Medien Aufmerksamkeit. „BDSM"[202] bezeichnet eine Gruppe von sexuellen Handlungen, die mit Lustschmerz, spielerischer Bestrafung, Fesselungsspielen, Dominanz und Unterwerfung einhergehen. Sie werden freiwillig von Erwachsenen als Rollenspiele - meist in einem begrenzten Zeitrahmen und mit strengen Stopp-Regeln- ausgeführt. Sie sollen die Erregung steigern und das Fallenlassen in sexuellen Ritualen, zumindest für die unterwürfigen Partner, erleichtern. Gegen Bezahlung führen Dominas diese Praktiken professionell bei Männern aus, die häufig anders nicht loslassen können. Aus meiner Sicht beinhalten diese sexuellen Praktiken - wie die anerkannten Sex-Spielarten eben auch - einiges von unser repressiven Erziehung. Sie zeigen die gesellschaftlichen Machtzusammenhänge auf, die in dieser Form einen Ausdruck finden. Und die trotzdem zur Luststei-

---

201 Somé, Sobonfu E.: Die Gabe des Glücks - Westafrikanische Rituale für ein anderes Miteinander, 2. Auflage, Berlin 1999, S. 115

202 BDSM beinhaltet die Anfangsbuchstaben der Wörter Bondage, Discipline, Dominance, Submission, Sadism, Masochism. Vgl. BDSM - HowTo (Hg.): BDSM - was ist das eigentlich? Stand: 2002. URL: www.bdsm-howto.de/ 1_BDSM.html (abgerufen: 4.9.2017)

gerung dienen können. Die absolute Freiwilligkeit sollte oberstes Gebot sein. Ebenso wie ein klärendes Vorgespräch, wo auch für unerfahrene Erwachsene deutlich wird, auf was sie sich einlassen.

Ein viel größeres Tabu in unserer Gesellschaft stellt die selbstbestimmte Liebe unter erwachsenen Geschwistern dar. Sie ist noch immer ein Straftatbestand, verbunden mit einem undifferenzierten Inzestverbot. Oral- und Analverkehr sind erlaubt, Geschlechtsverkehr strafbar (§173 Strafgesetzbuch). Wie absurd! Die Angst vor genetisch belasteten Nachkommen ist sehr groß. Sie wird jedoch von verschiedenen Wissenschaftlerinnen und Wissenschaftlern unterschiedlich eingeschätzt. Und: Reife Erwachsene können Empfängnis verhüten! Udo Vetter, ein Strafverteidiger, schreibt, das Risiko von Behinderungen sei „nicht dramatisch höher, als wenn Frauen über 40 schwanger werden".[203] Der Deutsche Ethikrat und verschiedene Strafrechtler setzten sich ebenfalls für Straffreiheit bei einvernehmlichem Geschlechtsverkehr von erwachsenen Geschwistern ein.

Ich schließe mich der berechtigten Forderung nach einer pansexuellen[204] Gesellschaft an, in der jeder Mensch über 16 Jahre seine sexuellen Präferenzen ohne jegliche Benachteiligung frei leben kann. Für Jugendliche zwischen 14 bis 16 Jahre gilt strafrechtlich, dass der Sexualpartner nicht älter als 21 Jah-

---

203 Streit über verbotene Liebe. In: Kölner Stadtanzeiger. Stand: 28.9.2014. URL: https://www.ksta.de/politik/sexualitaet-streit-ueber-verbotene-liebe-263152 (abgerufen: 15.6.2023)

204 Pansexualität bedeutet Gleichberechtigung aller Menschen unabhängig von ihren sexuellen Präferenzen.
Vgl. Ammawat, Seksan, Gebauer, Guido F.: Weite Auslegung „pansexuell". In: Pansexuell. Stand: 15.9.2016. URL: www.pansexuell.de/index.php/weiterbegriff.html (abgerufen: 4.9.2017)

re sein darf. Diese Regelung soll verhindern, dass der oder die Ältere eine fehlende Fähigkeit zur sexuellen Selbstbestimmung bei Jüngeren ausnutzt.[205] Wie gerecht das allen - besonders frühreifen - Jugendlichen wird, ist die Frage. Wichtiger ist jedoch, dass Jugendliche auch strafrechtlich vor sexuellen Übergriffen Erwachsener geschützt werden.

Ich wünsche mir, dass jeder Mensch in all seinen sexuellen Bedürfnissen - solange sie keiner oder keinem anderen schaden - Wertschätzung erfährt. Wie wunderbar menschlich wäre es, wenn sich sexuelles Begehren nicht nach Geschlecht, nicht nach Alter (unter Berücksichtigung der oben genannten Altersgrenzen) und nicht nach Herkunft richten würde. Wenn jede oder jeder offen zeigen könnte - Heterosexuelle, Bisexuelle, Homosexuelle... - dass jede und jeder Begehrte und Geliebte an erster Stelle als Mensch gesehen wird. Dazu gehört, dass alles zu jeder Zeit gefühlt, gezeigt und gelebt werden darf. Voraussetzung dafür ist, wie immer, dass sich alle Beteiligten freiwillig - soweit das bewusst in Gänze möglich ist - zu dieser sexuellen Begegnung entschieden haben.

Es ist demnach auch völlig in Ordnung, wenn sich ein Mensch entscheidet, asexuell[206] oder in zärtlichen Freundschaften ohne Sex zu leben. Sexualität ist EINE Möglichkeit, sich lebendig zu fühlen. Jedoch gibt es viele andere - singen, springen, tanzen, lachen, einem Vogel lauschen, eine Frucht schmecken... wenn wir das mit allen Sinnen und in voller Präsenz genießen, dann spüren wir das lebendige Sein.

---

205 Vgl. Demmel, Hans (Hg.): Klare Bestimmungen - Wann ist Sex mit Minderjährigen strafbar? In: ntv. Stand: 15.8.2011. URL: www.n-tv.de/politik/Wann-ist-Sex-mit-Minderjaehrigen-strafbar-article4052666.html (abgerufen: 4.9.2017)
206 Vgl. Schneider, Alex: Asexualität -Ein Ass im Bett. In: Zeit-Online. Stand: 13.5.2015. URL: www.zeit.de/community/2015-05/asexualitaet-beziehung-erfahrung (abgerufen: 4.9.2017)

# Lust und Liebe

## Was verhindert bedingungslose Liebe?

Die wenigsten Menschen haben als Kinder bedingungslose Liebe kennen gelernt. „Ich habe dich lieb, wenn Du schön brav bist" generierte bei den meisten von uns eine innere Zwangsjacke, in der wir oft ein Leben lang gefangen bleiben. Entweder entwickelt das Kind im Umgang mit dieser Erpressung von Seiten der Eltern oder anderen Bezugspersonen ein übersteigertes Bestreben, alles richtig zu machen. Also in die Anpassung zu gehen, um sich wenigstens ein bisschen geliebt zu fühlen und scheinbar dazu zugehören, wenn es die Vorgaben erfüllt. Wolf Büntig nennt dieses Ergebnis Normopathie, „die zwanghafte Anpassung an Verhaltensweisen, die von außen vorgegeben werden."[207] Oder das Kind geht in den Trotz, in die Rebellion und gerät als Querulant ins Abseits - aus der Familie, später vielleicht auch aus der Gesellschaft. Auch diese Notlösung sichert das Überleben, führt jedoch ebenso in Isolation und Einsamkeit und wird von Familie und Gesellschaft stärker missbilligt. „Ich brauche niemanden", „ich kann mich nur auf mich selbst verlassen" und „alle anderen sind meine Feinde" - Verstrickungen, die erwachsene Bindungen erschweren oder sogar unmöglich machen. Oder es etablieren sich beide Muster. Häufig ein heimlicher Trotz hinter der Anpassung, ebenso mit den entsprechenden Hemmnissen, vertrauensvolle Beziehungen eingehen zu können.

Unter allen Schmerz-Abwehr-Mustern verbirgt sich die große Sehnsucht nach bedingungsloser Annahme, nach bedin-

---

207 Büntig, Wolf, Jebsen, Ken: KenFM im Gespräch mit: Wolf Büntig. In: KenFM. Stand: 10.2.2017. URL: kenfm.de/wolf-buentig/ (abgerufen: 4.9.2017)

gungsloser Liebe. Ich darf so sein, wie ich bin. Ich darf essen, schlafen, konzentriert spielen (arbeiten), Kontakte haben, traurig, wütend und sexuell sein, wie es meinen Bedürfnissen entspricht UND ich werde geliebt. Grenzen werden mit Liebe und zum Schutz gesetzt, nicht um das Rückgrat zu brechen. Diese nährenden Erfahrungen machen zu dürfen, das ist auch in der heutigen Kindergeneration noch nicht selbstverständlich.

Wie soll ein Mensch die Fähigkeit bedingungsloser Liebe entwickeln, wenn er nur unter der Bedingung der Anpassung angenommen wurde? Wenn „Liebe" von Kindesbeinen an ein Geschäft war. Verliebtheit und vermeintliche Liebe entwickeln sich bei vielen Menschen zu besitzergreifenden Emotionen. Liebe ist wahrscheinlich das am meisten missbrauchte Wort, meint es doch häufig „ich brauche dich, weil ich alleine einsam bin und/oder Angst habe, unterzugehen".

Erich Fromm schreibt in „Die Kunst des Liebens": „Die meisten Menschen sehen in dem Problem des Liebens in erster Linie das Problem, selbst geliebt zu werden, und nicht so sehr das Problem des Liebens, der eigenen Fähigkeit zu lieben."[208] Diese Haltung impliziert Fremd- und Selbstoptimierung, passend zu unserer normierten kapitalistisch-neoliberalen Leistungsgesellschaft[209]. Beide Geschlechter gehen häufig leider NICHT davon aus, dass das Problem des Liebens in den ge-

---

208 Fromm, Erich: Die Kunst des Liebens, Berlin 1976, S. 15

209 Vgl. Fromm, Erich: Die Kunst des Liebens, Berlin 1976, S. 116
Fromm in einem weitblickenden Gespräch kurz vor seinem Tod, 1980 - heute noch unglaublich aktuell. Vgl.a. Erich Fromm - Ein Gespräch (1980). In: YouTube, PhilosophieKanal. Stand: 17.06.2013. URL: www.youtube.com/watch?v=sVd4dKH3vng&t=406s

Vgl.a. Müller, Albrecht (Hg.): „ Neoliberal" - was ist das? In: NachDenkSeiten. URL: www.nachdenkseiten.de/upload/pdf/090923_m_neoliberal_kurz_text.pdf (alle abgerufen: 4.9.2017)

sellschaftlichen Strukturen oder ihrer eigenen Biographie vergraben sein könnte. In der Regel geht es darum, das passende „Liebesobjekt", ebenso wie die möglichst beste Ware in der Konsumgesellschaft, zu finden. Erich Fromm schreibt dazu auch 1956 schon sehr vorausschauend: „Der moderne Mensch ist sich selbst wie auch seinen Mitmenschen und der Natur entfremdet [...]. Er ist zu einer Ware geworden, erlebt seine Lebenskraft als eine Kapitalanlage, die ihm unter den gegebenen Marktbedingungen ein Maximum an Gewinn einbringen muß. Die menschlichen Beziehungen sind im wesentlichen die entfremdeter Automaten, deren Sicherheit darauf beruht, möglichst dicht bei der Herde zu bleiben und sich in Denken, Fühlen und Handeln nicht von ihr zu unterscheiden."[210]

Nach dem Begriff „Sex" wird heute im Internet am häufigsten gesucht. Ein Klick, und Pornographie jeder Couleur ist suchtfördernd abrufbar. Sex ist eine Ware. Das unglaubliche Verbrechen mit der Zwangs- und Kinderprostitution generiert nicht nur bei der Mafia Milliardenumsätze. Das Geschäft wird von geldgeilen Firmen (Internetportalen, Dating-Apps,...) befördert. Es gibt viele Mogelpackungen wie bei anderen Konsumgütern auch. Oft genug ist diese Art der Suche erfolglos, verbunden mit Selbstabwertung der Suchenden wie „ich bin ungenügend, nicht liebenswert" oder „wenn ich nicht geliebt werde, dann bin ich falsch". Diese Beziehungsstrukturen haben die meisten von uns schon frühzeitig erfahren.

---

210 Fromm, Erich: Die Kunst des Liebens, Berlin 1976, S.116 ff.

## In Liebe fallen und in der Realität landen

Doch dann, in der ersten Verliebtheit, erhält die unerfüllte Sehnsucht nach bedingungsloser Liebe Nahrung. „Wenn zwei Menschen, die sich - wie wir alle - bisher als Fremde gegenüberstanden, plötzlich zulassen, daß die zwischen ihnen stehende Wand zusammenbricht, und sich einander zugehörig, als eins fühlen, gehört dieser Augenblick der Einheit zu den freudigsten und erregendsten Erlebnissen."[211] Dann fühlen wir uns der ersehnten Erfüllung wirklich nahe. Fühlen uns verbunden, ja manchmal sogar verschmolzen mit allem um uns herum - den Menschen, der Welt und dem Kosmos

Auf der körperlichen Ebene ist Verliebtheit eine Mixtur aus biochemischen Mechanismen[212], die zum Teil wenig erforscht sind. Glückshormone fluten unseren Körper, versetzen uns in einen Rausch sehnsüchtiger Leidenschaft und höchstem sexuellem Begehren. Manche sagen, die schönste Form eines zutiefst neurotischen oder sogar psychotischen Geschehens[213]. Auf jeden Fall DER Ausnahmezustand, der Wahnsinn, Lebendigkeit wie nie zuvor gefühlt.

Erich Fromm schreibt dazu ziemlich pessimistisch (oder realistisch?): „Tatsache ist, daß man die Intensität der Ver-

---

[211] Fromm, Erich: Die Kunst des Liebens, Berlin 1976, S. 19

[212] Vgl. Wolf, Christian: Liebe ist Biochemie – und was noch? In: dasgehirn.info. Stand: 28.3.2013. URL: www.dasgehirn.info/handeln/liebe-und-triebe/liebe-ist-biochemie-2013-und-was-noch-7431 (abgerufen: 4.9.2017)

[213] Neurose ist eine seelische Erkrankung, die keine körperlichen Ursachen hat. Die Ursachen wurzeln in der eigenen Biographie. In der Therapie ist es möglich, die Zusammenhänge zwischen Vergangenheit und Gegenwart zu erkennen. Als Psychose wird bezeichnet, wenn ein Mensch aus der Realität aussteigt. Die (Sinnes-)Wahrnehmungen und deren Verarbeitung können sich stark vom „Normalbewusstsein" unterscheiden.

narrtheit, dieses gegenseitigen ‚Verrücktseins' nach dem anderen, als Beweis für die Intensität der Liebe hält, während es doch nicht mehr ist als der Beweis für den Grad der vorhergegangenen Einsamkeit."[214]

Doch Verliebtheit kann uns auch aus einem unerfüllten Lebensweg heraus katapultieren, in neue Bahnen lenken, die uns zufriedener machen. Und wir können viel lernen über uns und unsere unerfüllten Sehnsüchte, Bedürfnisse und Wünsche, wenn wir diese nicht allumfassend auf das Liebesobjekt projizieren.[215] Wir erzeugen all diese Verliebtheitsgefühle, es sind unsere eigenen, ausgelöst durch diesen anderen Menschen. Wie wäre es, wenn wir sie oder ihn als Spiegel nutzen, für das was wir selbst brauchen oder in unserem eigenen Leben verändern wollen? Und wenn wir das dann in Selbstverantwortung und unabhängig umsetzen?

## Die „Freiheit" zu gehen oder zu bleiben

Das Objekt der Begierde verliert jedoch häufig nach einem halben Jahr, manchmal auch schon früher, meistens spätestens nach einem Jahr seinen Reiz.[216] Die rosaroten Nebel sind verweht. Dann sind wir herausgefallen aus dem glückseligen Zustand der Verschmelzung mit dem oder der Liebsten. Die Ent-

---

214 Fromm, Erich: Die Kunst des Liebens, Berlin 1976, S. 19

215 Vgl. Benecke, Hilmar: Die psychologischen Faktoren der Verliebtheit. In: Mensch und Psyche. URL: www.mensch-und-psyche.de/liebe/verliebtheit/psychologische-motive/ (abgerufen: 4.9.2017)

216 Wenn Lebenschaos vermieden werden soll, dann ist es günstig, in dieser Zeit keine weitreichenden Entscheidungen, wie Wohnort- oder Arbeitsplatzwechsel, zu treffen.

täuschung durch die vorangegangene Selbsttäuschung ist bei manchen so groß, dass sie sich trennen - mehr oder weniger schnell, je nachdem, wie viel Angst vor der nun folgenden Einsamkeit besteht. Diejenigen, die NICHT aus Angst bleiben, brauchen Bereitschaft und Vermögen, von der Verliebtheit in eine Partnerschaft zu wechseln, in der einige Bedürfnisse NICHT automatisch erfüllt werden. In der ertragen wird, dass der oder die andere auch „nur" ein Mensch ist. Mit Ecken und Kanten und lieblosen Erfahrungen aus der Vergangenheit, deren Schatten bis in die Gegenwart reichen. Dann wird erkannt, dass der oder die andere genauso bedürftig nach bedingungsloser Annahme ist wie wir selbst. Für diejenigen, die bleiben, ist es jetzt sinnvoll, die Kunst des Liebens zu lernen.

Unbewusst haben wir häufig einen Menschen ausgesucht, der unserer Mutter ähnelt, auch die Frauen. Das ist an der Oberfläche für viele nicht wahrnehmbar. In unserer Gesellschaft ist enger Körperkontakt nur zwischen Mutter und Kleinkind sowie erotischen Paaren üblich beziehungsweise erlaubt. Das lädt zu Verwirrungen ein. Bei der Mutter war der Wunsch nach Erfüllung der bedingungslosen Annahme am größten, am wichtigsten. Diese unerfüllte Sehnsucht wird - oft mit großer Heftigkeit - auf das „Liebesobjekt" übertragen.

Die Ängste, die eingravierten alten Schmerzen des Mangels zu fühlen, sitzen tief. Viele Schutzbehauptungen werden aufgestellt. Am häufigsten die von der Schuld der Partnerin oder des Partners, wenn die Begegnungen durch schmerzhafte Enttäuschungen, Auseinandersetzungen und Langeweile schäbig und manchmal hässlich geworden sind.

Besonders, wenn die Grenzen des eigenen Seins in der Verliebtheit oder auch deren Ende aufgeweicht sind, fallen viele zurück in ein Gefühl von kindlichem Kleinsein. Manches Mal sogar bis zum Bedürfnis, zurück in den Bauch der Mutter zu wollen, um umfassenden Schutz und Fürsorge zu finden. Wenn die Verliebtheitshormone noch Kraft geben, dann gelingt dieser Vorgang scheinbar. Doch irgendwann sitzen sich zwei verhungerte Kinder in erwachsenen Körpern gegenüber, die symbiotisch verwickelt die bedingungslose Versorgung und Liebe einer Mutter für ihr Kind suchen. Beide schreien nach dem, was sie so dringend brauchen. Sie fühlen sich durch den jeweils anderen nicht richtig geliebt und selbst überfordert. Sie wollen nicht wahrhaben, dass es unwiederbringlich vorbei ist, so umfassend „gepampert" zu werden.[217] Sondern, dass es jetzt darum geht, all den Schmerz und die Wut durch den früh erlebten Mangel zu hören, zu fühlen und anzunehmen. Und zu sehen, dass es heute - im Gegensatz zur Kindheit - deutlich mehr Handlungsoptionen gibt, die emotional satt werden lassen. Auch das heißt, erwachsen zu werden.

## Die Freiheit, alten Schmerz zu (er-)lösen

Für manche gab es zu Beginn des Lebens einen Geschmack von bedingungsloser Annahme, der jedoch nicht angedauert hat. So bei Andrea, Mitte dreißig, die als Wirtschaftswissenschaftlerin im Finanzwesen einer für sie befriedigenden und gut bezahlten Arbeit nachgeht. Sie kam zur Therapie, weil sie es kaum noch aushielt, dass ihr Freund, Martin, - mit dem sie sich seit drei Jahren als Paar sah - so wenig Zeit für sie hatte. Zwischen den Beiden entwickelte sich eine starke Spannung, nachdem Andrea vor einem Jahr mit großem Druck darauf bestanden hatte, endlich zusammenzuleben und möglichst schnell eine Familie zu gründen. Doch selbst eine Reiseplanung mit Martin endete schon regelmäßig in wochenlangem

---

[217] Vgl. Fromm, Erich: Die Kunst des Liebens, Berlin 1976, S. 125

Kampf über Zeitpunkt, Qualität und Ort der Reise. Impulse zu planen, die wenige freie Zeit, die Urlaube, das gemeinsame Leben gingen fast immer mit großer Energie und gleichzeitigen Vorwürfen von Andrea aus. Martin zog sich immer weiter zurück. Er wehrte sich mit dem „Totschlagargument", er könne es Andrea eh nie Recht machen. Egal, was er mache, es sei immer falsch. Wenn sie es schafften, ohne Streitereien zusammen zu sein, dann brachte Martin Andrea zum Lachen. Er konnte körperlich und gefühlsmäßig sehr gut auf sie eingehen, sie auch geborgen festhalten. Das bedeutete Andrea viel. Sie hatte große Angst, sich zu trennen. Angst, dann keinen neuen Partner mehr zu finden und vor allem keinen, der so gut zu ihr sei. Wenn Martin nur mehr Zeit hätte, dann wäre alles kein Problem - das war ihr Credo in den ersten Therapiestunden.

Nach einiger Zeit, in der sie manches Mal großen Mut brauchte, sich tiefer einzulassen, war Andrea bereit, die Parallelen zu ihrer Mutter zu sehen. Da fiel es ihr wie Schuppen von den Augen. Sie beschrieb ihre Mutter als eine herzensgute Frau. Zu Beginn ihres Lebens erhielt Andrea die kindgerechte Zuwendung, die sie brauchte. Doch schon ein Jahr später kam das nächste Geschwisterchen, dann in kurzen Abständen noch drei weitere. Der anspruchsvolle und ungeduldige Vater, mit mehreren Tätigkeiten fast ständig abwesend, versuchte, die große Familie finanziell über die Runden zu bringen. Die Mutter war völlig überfordert und wurde zunehmend depressiv. Andrea - obwohl selbst noch ein kleines Kind - unterstütze sie, wo sie nur konnte. So blieb Andrea viel zu früh mit ihren Bedürfnissen auf der Strecke. Sie übernahm schon als Kind die Mutterrolle, auch für die Mutter.

Andrea erkannte zunehmend, dass es bei ihren Beziehungsproblemen nicht um Martin ging, sondern, dass bei ihr selbst ein alter Schmerz über die zu früh „verlorene" Mutter gesehen, gefühlt und angenommen werden wollte. Sie spürte die große Angst, auch bei Martin wieder „aus der Liebe herauszufallen", ihn zu verlieren, obwohl er so herzensgut sein konnte. Als Martin sich dann tatsächlich von Andrea trennte, war sie sehr überrascht, dass all ihre Befürchtungen vom eigenen Zusammenbruch gar nicht eintraten. Sie war angemessen traurig. Und sie war sogar ein bisschen erleichtert.

Andrea fühlte mehr und mehr, dass sie durchaus auf eigenen Beinen stehen konnte, wenn sie nicht mehr in den alten Schmerzmustern gefangen blieb. Sie ist nicht mehr das Kind, das einzig und allein von der Fürsorge der Mutter beziehungsweise des Partners abhängig ist. Andrea kann sich heute artikulieren und ihre Bedürfnisse angemessen ausdrücken. Sie kann sich mit ihren Beinen auf jemanden zubewegen und ihre Arme nach Zuwendung ausstrecken. Sie kann sich frei entscheiden, dahin zu gehen, wo ihre Bedürfnisse erfüllt werden und zur Zufriedenheit führen. Das können dann durchaus verschiedene Menschen sein. In ihrem ersten Urlaub ohne Martin fuhr sie mit einer Gruppe nach Italien, wo sie zusammen Tango tanzen lernten. Eine wunderbare Woche, bei der sie sich kein bisschen einsam fühlte. Verwundert stellte sie fest, dass sie Martin überhaupt nicht vermisst hatte.

## Traumhafte Begegnung von Tessa und Ernst

Aus meiner Terrassen-Vogel-Perspektive blicke ich verträumt nach unten. Ernst sitzt gemütlich im Garten, frühstückt, liest Zeitung, lässt seinen Tag langsam angehen. Seine Kinder sind in Schule und Kindergarten verteilt. Ernst und ich sind heute wieder die einzigen Anwesenden im Haus. Ich will eigentlich diese Ruhe nutzen, um ungestört eine schwierige Übersetzung zu Ende zu bringen. In fünf Tagen ist Abgabetermin. Stattdessen spuken arbeitsverhindernde Gedanken durch mein Hirn. Ich frage mich mal wieder, wie Ernst und seine Frau, zwei so unterschiedliche Menschen, sexuell miteinander sind? Ich komme jedes Mal zu dem Schluss, dass sie „es" nicht mehr tun. Dann fantasiere ich, dass es ja vielleicht spannend sein könnte, zu ihm zu gehen, gemeinsam eine Tasse Kaffee zu trinken und dann, mit diesem unterversorgt wirkenden Gatten, ein bisschen zu flirten. Das wäre eine lustvolle Auflockerung meines Vormittages. Außerdem ist er ein paar Jahr jünger. Ich als reife Frau, weiß diese günstige Voraussetzung für sexuelles Standvermögen sehr zu schätzen.

Ich wohne und arbeite in diesem gemütlichen Miethaus, in einem der besten Viertel der Stadt. In der Parterrewohnung lebt Ernst mit seiner Familie, die vom gesamten Habitus sehr bürgerlich angepasst wirkt. In der er klischee-unterbrechend, als Hausmann fungiert. Die Frau, eine hagere Business-Woman, bastelt an ihrer Karriere als Richterin. Die Kinder, drei an der Zahl, verhalten sich wie aus der Lebensmittelwerbung herausgesprungen. Ernst war Lehrer. Er wirkt sinnlich, gleichzeitig frustriert und leicht übergewichtig. Darunter schimmert jedoch etwas bei ihm, was mich interessiert. Vielleicht, weil er durch meine Augen betrachtet, so gar nicht in diese „Werbe-Bilderbuchwelt" passt.

Nach diesem nicht gerade effektiven Vormittag träume ich in der folgenden Nacht: Ernst und ich begegnen uns auf der Kellertreppe. Ich sitze da, mein Schnürsenkel ist offen, will ihn gerade wieder schließen, dann los zum Joggen. Er kommt vom Laufen – lächelt mich fragend an, ob er sich auch mal so verschwitzt neben mich setzen dürfe? Ich bin irritiert, weil wir noch nie dicht nebeneinander gesessen haben. Bei dem Hausfest letztens wirkte er nicht besonders interessiert an mir. Wobei mich da auch seine etwas anstrengende Ehefrau belagerte. Weil sie ja reife, selbständige, allein lebende Frauen so spannend findet, puh! Diese reale Situation lässt mich im Traum nur zögernd ja sagen. Doch im gleichen Moment kleben wir aneinander und küssen uns, als ob wir noch nie etwas anderes getan hätten. Soweit der Traum.

Am folgenden Wochenende besuche ich eine Freundin in Hamburg. Als ich am Sonntagnachmittag aus dem Haus komme, stoße ich mit Ernst und seinem Freund zusammen. Große Überraschung! Was macht er dreihundert Kilometer von unserem Wohnort entfernt vor dem Haus meiner Freundin? Er sei in Hamburg, weil am Abend die Premiere eines Musicals laufe, das er sich unbedingt ansehen wolle. Es ist in unserem Haus nicht zu überhören, dass Ernst diese Art von Musik liebt.

Ich mag es ab und zu auch gerne, wenn das gesamte Haus von Musik erfüllt ist. Und mich berührt es, wenn jemand Begeisterung an den Tag legt. So weit fährt, nur um eine Veranstaltung zu besuchen. Das riecht nach der Fähigkeit zu Leidenschaft und Hingabe. Ernst wirkt ebenfalls sehr erfreut über unsere Begegnung. Wir verabschieden uns mit der Verabredung mal zusammen zu frühstücken. Sehnt auch er anderen Sinnesfreuden entgegen? Jedenfalls meine ich zu spüren, dass er mich nur ungern ziehen lässt. Sein Begleiter schaut auch schon etwas irritiert, ob der Freude, die aus unseren Gesichtern leuchtet. An einem der nächsten Tage fährt er an mir vorbei, als ich gerade vom Einkaufen komme. Er winkt mir strahlend. Verbindende Fäden spinnen ihr Netz.

Und dann gegen Ende der Woche ist es so weit. Ich stehe gerade in unserem Waschkeller, will meine Blusen aufhängen. Plötzlich ist Ernst da – mit einer Dichte und einer männlichen Präsenz, die alles andere vergessen lässt. Ich fühle mich sofort in die Stimmung des Traumes von letzter Woche katapultiert. Ich lächele ihn ironisch interessiert an - er strahlt zurück und sagt atemlos: „Tessa (wir sind ein modernes Haus und duzen uns), endlich treffe ich dich allein. Ich habe mich nicht getraut, zu dir zu kommen, aber ich es zieht mich total zu dir hin. Schon in Hamburg hätte ich dich am liebsten festgehalten." Ohne auf eine Reaktion von mir zu warten, fährt er atemlos fort: „Das geht mir übrigens schon ziemlich lange so!"

Er kommt näher. Kommentarlos nimmt er meinen Hinterkopf zärtlich in seine großen Hände und schaut mich an. Lange - eine Ewigkeit lang. Dann endlich küsst er mich, küsst zart und heftig, immer weiter, bis ich fast keine Luft mehr bekomme. Als ob der Traum aus seinen Lippen meine Seele des nachts besucht hätte. Oder war es umgekehrt? Kam der Traum vom Küssen zuerst aus mir heraus und ist dann einige Stockwerke tiefer in seinen Mund gewandert? Jetzt im Moment ist jedenfalls alles traumhaft und real zugleich. Geschickt meine Bluse öffnend, streichelt Ernst meine Brüste und murmelt: „Oh Tessa, wie schön, wie zart du dich anfühlst! Wie konnte ich nur drei Jahre mit dir unter einem Dach leben, ohne deinen erotischen Körper zu berühren?"

Träume öffnen Freiräume! Auch bei brav wirkenden Hausmännern! Ich bin sehr überrascht und mittlerweile auch erregt. So viel Sinnlichkeit habe ich von Ernst in meinen kühnsten Fantasien nicht erwartet. Er wirkt wie ein Verhungerter. Gleichzeitig so sensibel. Seine Hände verschmolzen mit mir, erfühlt er mit erstaunlicher Sicherheit alle speziellen Punkte an und in meinem Körper. Die mich öffnen. Und uns beide die heikle Situation und überhaupt die gesamte Welt vergessen lassen. Er schiebt meinen Rock hoch, seine Finger finden begehrend den Eingang zu meiner heißen Grotte. Tauchen ein, treten benässt wieder den Rückweg an und massieren lange, sehr lange an dem lustvollsten aller Lustpunkte. Ich stöhne laut auf. Er verschließt meinen Mund mit seinen fordernden Küssen. Er zieht seine Hand wieder zurück, kurz bevor ich komme und flüstert: „Tessa, Liebling, wir haben so viel Zeit, alle Zeit der Welt...".

Ganz weit weg in meinem Hinterkopf fliegt Bewunderung ob seiner irrealen Souveränität vorbei. Aber eigentlich kann ich nicht mehr denken. Dann hebt er mich hoch und setzt mich auf eine Waschmaschine. Er hält mich mit einem Arm sicher im Rücken, schiebt meinen kleinen Tanga zur Seite, beugt seinen Kopf nach unten und verrichtet mit seiner Zunge das Wunderbarste, was eine Zunge tun kann. „Ernst ich komme!". „Nein, Liebling, warte. Liebling, warte noch." Seine Zunge bewegt sich nicht mehr, liegt einfach nur noch auf meiner vor Leidenschaft pulsierenden Knospe. Ich schlittere entlang an der scharfen Kante vor dem Punkt ohne Umkehr. Ich taste nach seiner Hose. Meine Finger sind erfreut über die potente Größe, der dünne Stoff – er kam tatsächlich gerade vom Joggen – lässt mich alles erspüren. Er stöhnt: „Tessa, nimm mich!". Jetzt lasse ich ihn noch eine kleine Weile zappeln. Noch nie erlebte ich Sportkleidung so sinnenfreudig. Dann rutscht der lockere Hosenbund tiefer, sein mächtiger Stamm gleitet in meine streichelnde Hand. Wir schauen uns an. Seine Augen sind erfüllt von liebevollem Begehren. Er dringt zart, wie in Zeitlupe, dann langsam das lustvolle Tempo steigernd, in meine weit geöffnete Spalte ein. Die jahrelang zurückgehaltene Begierde strebt, zusammen mit mir, dem ersehnten Höhepunkt entgegen. Zwischendurch immer wieder versunken in die Seelenspiegel unserer Augen, tauchen wir gerade rechtzeitig wieder im Alltag auf.

Die Mittagsglocken läuten. Langsam setzt mein Gehirn wieder ein und stellt fest: „Ui, ausnahmsweise ist die Realität wilder als meine Träume. Welch ungewohnte, verlockende Variante.". Dann muss Ernst dringend seine Kinder einsammeln, an diesem Dienstag.

## Lebendige, liebevolle Sexualität

Lebendige Sexualität, eingebettet in den Schoß der Liebe, welch ein Sehnsuchtsort! Tessa und Ernst haben sich Zeit gelassen. Das zarte Begehren schlummerte - kaum wahrnehmbar - über Jahre dahin. Sie trauten sich nicht früher, denn es stand zu viel auf dem Spiel, was ihr Leben unter einem Dach ins Chaos hätte stürzen können. Träumte Tessa ihr Hingezogensein, als die Zeit reif war? Alle Bedenken über Kompliziertheiten verschwanden unter der puren Lust, hatten keine Chance mehr, die Begegnung zu verhindern. Welch eine Energie, die die beiden überschwemmte! Welch eine Kraft, die sie überschäumend und mit Macht in ihren Bann zog! Und dann ihre Bereitschaft, dieses Begehren anzunehmen. Kein Zögern, kein Zaudern mehr! Eintauchen in den Zauber der wonnigen Lust und sich hingeben, ganz echt. Sie ließen sich taumelnd in einen lebendigen Sog fallen und tauchten wieder auf. Welch ein Vertrauen zum eigenen Körper, zur eigenen Sexualität und zum Gegenüber! Auch, wenn zu diesem Zeitpunkt des Näherkommens noch längst nicht klar war, wie es für Tessa und Ernst mit der Liebe und dem Leben weiterlaufen würde. Soweit die erotische Geschichte von den beiden in ihren ersten zauberhaften Momenten der Lust.

Wer bestimmt, wie erfüllende sexuelle Begegnungen aussehen sollen? Vielleicht erlebar bei einem Quickie mit einem unbekannten Menschen? Oder in einer langanhaltenden Beziehung, in der schon tausendmal Sexualität genossen wurde? In der Freiheit und in der Verantwortung für sich und die Gefühle der anderen, kann ein natürliches Verlangen und eine Sehnsucht nach Vereinigung entstehen. Die inneren Möglichkeiten spielen eine große Rolle, wie tief wir uns jeweils fallen lassen können. Dann kann das Außen weit in den Hintergrund der Wahrnehmung verschwinden. In anderen Situationen - vielleicht wenn wir besonders verletzlich sind - dann ist eine ungestörte und sichere Umgebung wichtig, um „fliegen" zu können.

Sexualität und Liebe sind Aspekte unserer Persönlichkeit. Unser Körper ermöglicht uns die intime Verbindung zum Partner oder zur Partnerin. Hilfreich ist es, den eigenen Körper und die eigene Seele zu erforschen und sich mit ALLEM anzunehmen - damit die Freude im eigenen „Haus" leben kann. Wenn wir dann die Wahrnehmung des gegenwärtigen Augenblicks atmen, achtsam und aufmerksam mit uns sind, dann können unsere Körper und vielleicht sogar unsere Seelen verschmelzen. Dann ist es möglich, bei sich zu sein und zu bleiben und die Verbindung zum DU zu finden.

In der Sexualtherapie geht es neben aufklärenden Gesprächen auch um die Befreiung der inneren Unterdrückungsmechanismen. Mit dem Ziel, sich dem Leben in neuen Facetten öffnen zu können. Das Lebendige kann dann in die sexuellen Begegnungen einfließen. Vielleicht auch mit Weinen und Zähneklappern oder einem tierischen Knurren. Vielleicht mit Körperbewegungen, die auftreten, wenn die Energie freier strömen kann. Diese nannte Wilhelm Reich „Orgasmusreflex"[218], welcher nicht nur beim Orgasmus entsteht, sondern auch in unwillkürlichen Abreaktionen von Muskelanspannungen vorkommt. Das geschieht in unkontrolliertem Zittern oder in sanf-

---

218 Der Energiefluss ist ungehemmt. Kopf und Becken bewegen sich in Zuckungen aufeinander zu.

ten Wellen, die durch den Körper laufen und die wir nicht mehr steuern können. Es kann sein, dass uns diese unerwarteten Bewegungen Angst machen. So wie die meisten Menschen vor Unkontrollierbarem Angst haben. Vielleicht reagieren wir auch mit Schreien oder Toben oder Lachen. Oder wir liegen lange, lange ruhig, schweigen und hören der Stille nach. Eben das, was das Leben während des sexuellen Seins gerade zu bieten hat. Wunderbar, wenn wir eine Partnerin oder einen Partner gefunden haben, die oder der unsere Zartheit und Wildheit mit uns genießen kann. Oder uns vielleicht sogar danach fest in den Armen hält, damit wir wieder in der Alltagsrealität landen können. Das sind dann besonders glückliche Momente in unserem Dasein.

Wie also können wir zur genussvollen und liebevollen Sexualität kommen? Hilfreich kann hier die Körperpsychotherapie sein. Dieses Verfahren wurde mittlerweile in verschieden Schulen aufgefächert und verfeinert.[219]

Wenn wir beginnen, die körperlichen Blockaden zu lockeren, dann fühlen wir Zugang zu den Wunden und dem Mangel an Liebe aus der Vergangenheit. Wenn wir erkennen, betrauern, bewüten…, dann lockert sich der Schutzpanzer langsam mehr und mehr. Sich den alten Verletzungen zu stellen, das erfordert Mut und Achtsamkeit. Die Blockaden der Angst und des Schmerzes, die uns schützten, als wir uns noch nicht anders zu helfen wussten, können schmelzen. So beginnt unser Körper, sich bis in die Zellen zu entspannen. Es ist gut, wenn wir dabei nicht alleine sind, sondern freundschaftliche oder therapeutische Hilfe annehmen und Trost suchen können.

---

[219] Vgl. Deutsche Gesellschaft für Körperpsychotherapie. URL: www.koerperpsychotherapie-dgk.de

Lust und Liebe brauchen lebendige und authentische Menschen, möglichst frei von Scham, frei von Schuld, frei von Lüge und frei von Erpressung und Gewalt, auch frei von Erwartungen, Vorgaben und Vorstellungen. Letzteres ist für uns Menschen oft die schwierigste Hürde. Innere Freiheit ist immer der Zustand, der gerade in diesem Moment möglich ist. Die Widerstände boten lange Zeit Schutz vor Überflutung der unterdrückten Gefühle und haben uns geholfen, wenn auch mit Einschränkungen und Abspaltungen, zu überleben. Dieser Weg kann sehr steinig sein, weil er nur dann in die Befreiung führt, wenn wir uns der inneren Wahrheit zuwenden, uns den Täterinnen und Tätern stellen und fühlen, wie wir abgelehnt, abgewertet, seelisch und körperlich mißhandelt wurden und vor allem erkennen, wie wir häufig auch heute genauso verletzend mit uns selbst umgehen und damit zu Täterinnen und Tätern an uns werden.[220] Wenn wir diese Muster erfühlen und wieder erleben, und uns dann zu unserem eigenen inneren Kern (oder unserem unzerstörbares ICH) hinwenden und uns selbst liebevoll annehmen, dann empfinden wir Empathie für uns selbst und die anderen. Dann können wir den Krieg in uns, in unseren Beziehungen und in der Welt beenden. Das heißt, wir können in Freiheit wählen, ob und wie wir unsere Bedürfnisse leben wollen, in voller Selbstbestimmung und Selbstverantwortung für unser Tun und unser Sein. Ein wahrlich lohnender Weg! Wir begegnen dann außer den Schmerzerinnerungen auch den wohlschmeckenden Früchten des tiefen Fühlens und der daraus folgenden Entspannung im inneren Frieden.

---

[220] Vgl.: Esther Weinz, Identitätsorientierte Psychotraumatherapie (IoPT). URL: https://docs.google.com/document/d/1HkkvKoYprF3Kt-F6bu7K1BGvCcWhZQqjxVu-8ePW9i8Q/edit?usp=sharing

Diana Richardson, Sexualtherapeutin und Autorin[221], benennt einen Weg für Paare, der Sex ohne Stress (SLOW SEX) ermöglicht, gerade auch für Beziehungen nach der ersten Verliebtheit. Langsamkeit, Entschleunigung, Achtsamkeit und Aufmerksamkeit für den aktuellen Moment ohne Zielvorstellungen sind die Eckpfeiler. Nichts muss passieren, auch der Orgasmus nicht. Alles darf geschehen. Dann kann Präsenz im Augenblick entstehen, die uns im Jetzt verzaubert. Günstig ist, wenn sich beide bewusst entscheiden, diesen Weg erkunden zu wollen.

Das zärtliche Streicheln einer Hand in einer lustvollen Stimmung kann so viel mehr und bedeutender sein als ein technischer, liebloser Fick. Sexuelle Handlungen - ganz gleich welcher Art - in Verbundenheit, vor allem mit dem eigenen Körper, den eigenen Bedürfnissen und dem Bekanntgeben der eigenen Wünsche, bewirken ein befriedigtes Wohlbehagen, ein Sichöffnen, ein Pulsieren und ein Zusammengehörigkeitsgefühl für diesen Moment. Diese Verbindung mit sich selbst und mit dem anderen lässt uns lebendig fühlen und lässt uns befriedigt sein.

Wenn Sex achtsam im „Hier und Jetzt" gelebt wird, dann ist „wahre" Liebe dabei. Die Liebe, die nicht fordert, die sich von Herzen wünscht, dass der oder die andere zutiefst befriedigt ist, und die wachsend alles zulässt, was zum eigenen Wohle und dem aller anderen Wesen dient. Wie kann es KEINE Liebe sein, wenn ein anderer Körper unserem eigenen so viel Glückseligkeit schenkt, wir uns während des Aktes oder danach in die leuchtenden Augen schauen und dankbar sind, dass wir so etwas Wunderbares erleben durften?

---

221 Vgl. Richardson, Diana: Slow Sex - Zeit finden für die Liebe, München 2011

# Informationen und Ausblicke

## Literaturliste, Internetseiten und Kontakte

## Literaturliste

**Adorno, Theodor W.:** Minima Moralia - Reflexionen aus dem beschädigten Leben, Frankfurt am Main 2007

**Christinger, Doris und Schröter, Peter A.:** Vom Nehmen und Genommen werden - Für eine neue Beziehungserotik, München und Berlin 2010

**Eggetsberger, Gerhard H.:** Power für den ganzen Tag - Sieben Übungen zur Steigerung der Lebensenergie, München 1997

**Fischer, Jürgen:** Sexuelle Liebe im Jetzt - Tantra und die zweite sexuelle Revolution, 3.Auflage, Saarbrücken 2015

**Fromm, Erich:** Die Kunst des Liebens, Berlin 1976

**Ganser, Daniele:** Illegale Kriege - Wie die NATO-Länder die UNO sabotieren - Eine Chronik von Kuba bis Syrien, Zürich 2016

**Göttner-Abendroth, Heide:** Am Anfang die Mütter - matriarchale Gesellschaft und Politik als Alternative, Stuttgart 2011

**Harms, Thomas, Thielen, Manfred (Hg.):** Körperpsychotherapie und Sexualität - Grundlagen, Perspektiven und Praxis, Gießen 2017

**Juul, Jesper:** Aggression: Warum sie für uns und unsere Kinder notwendig ist, Berlin 2013

**Kaleck, Wolfgang:** Mit Recht gegen die Macht: Unser weltweiter Kampf für die Menschenrechte, Berlin 2015

**Kraushaar, Wolfgang:** 1968 - Das Jahr, das alles verändert hat, München 1998

**Laszlo, Ervin:** Das dritte Jahrtausend - Zukunftsvisionen von Ervin Laszlo, Frankfurt am Main 1998

**Leboyer, Frédéric:** Geburt ohne Gewalt, München 1995

**Liedloff, Jean:** Auf der Suche nach dem verlorenen Glück - Gegen die Zerstörung unserer Glücksfähigkeit in der frühen Kindheit, München o.J.

**Lowen, Alexander:** Liebe und Orgasmus, München 1980

**Müller-Münch, Ingrid:** Die geprügelte Generation: Kochlöffel, Rohrstock und die Folgen, Berlin 2012

**Ohlig, Adelheid:** Luna Yoga - Der sanfte Weg zu Fruchtbarkeit und Lebenskraft, München 2012

**Onfray, Michael:** Anti Freud - die Psychoanalyse wird entzaubert, München 2011

**Reich, Wilhelm:** Die Funktion des Orgasmus - Die Entdeckung des Orgons. Sexualökonomische Grundprobleme der biologischen Energie, Köln 1969

**Richardson, Diana:** Slow Sex - Zeit finden für die Liebe, München 2011

**Rosenberg, Marshall B.:** Gewaltfreie Kommunikation: Eine Sprache des Lebens, 9.Auflage, Paderborn 2010

**Schmidbauer, Wolfgang:** Im Körper zuhause - Alternativen für die Psychotherapie, 2. Auflage, Frankfurt am Main 1983

**Senf, Bernd:** Die Wiederentdeckung des Lebendigen, 2. Auflage, Frankfurt am Main 1997

**Somé, Sobonfu E.:** Die Gabe des Glücks - Westafrikanische Rituale für ein anderes Miteinander, 2. Auflage, Berlin 1999

**Strauss, Sandra, Nell, West:** Frauen befriedigen - Geheimnisse der Klitoris neu entdeckt - Ein Sexguide für neugierige Männer, Norderstedt 2012

**Wizorek, Anne:** Weil ein Aufschrei nicht reicht, Frankfurt am Main o.J.

**Ziegler, Jean:** Wie kommt der Hunger in die Welt?: Ein Gespräch mit meinem Sohn, München 2002

**Zur Nieden, Sabine, Kolle, Oswalt:** Nach beiden Seiten offen: Lust und Last der Bisexuellen, München 1996

**Zur Nieden, Sabine,** Weibliche Ejakulation - Variationen zu einem uralten Streit der Geschlechter, 3. Auflage, Stuttgart 2009

Viele der oben genannten Bücher gibt es mittlerweile als E-Books. Wahrscheinlich eine umweltfreundlichere Variante des Lesens.

## Internetseiten und Kontakte

**actvism:** Information that moves. URL: www.actvism.org

**Arznei-Telegramm:** Pharmakologische Informationen ohne Pharmasponsering. URL: www.arznei-telegramm.de

**Braun, Ute:** Autorin, Heilpraktikerin und Hirtin, Laufersweiler. URL: www.utebraun.de

**Buchner, Elisabeth:** Wach auf, Libido! - Hormonselbsthilfe. URL: www.hormonselbsthilfe.de/themen/libidoschw

**Büntig, Wolf:** Menschliches Potential entfalten.
URL: www.zist.de/de/veroeffentlichungen

**Bundeszentrale für gesundheitliche Aufklärung:**
Übersicht Verhütungsmethoden.
URL: www.familienplanung.de/verhuetung

**Fischer, Jürgen:** Umfangreiche Seite u.a. zu W. Reich, Liebe und Sexualität, Energiewahrnehmung: www.orgon.de

**Haupt-Kayaga, Viola:** Friseurmeisterin und Stylistin, Kassel.
E-Mail: Vio-Star@gmx.de

## Hilfe für Kinder

- **Dunkelziffer e.V.:** URL: www.dunkelziffer.de
- **Grauzone e.V.:** URL: www.grauzone-ev.de
- **Wildwasser.e.V.:** URL: www.wildwasser.de/info-und-hilfe/

## Hilfe für Frauen

- **Datenbank Frauenhauskoordinierung:**
  URL: https://www.frauenhauskoordinierung.de/
- **Frauen gegen Gewalt E.V.:**
  URL: www.frauen-gegen-gewalt.de
- **Bundesamt für Familie:** URL: www.hilfetelefon.de
- **Sexuelle Funktionsstörungen bei Frauen:**
  URL: www.smk-hannover.de/Behandlungsschwerpunkte

**Hilfe für Männer**

- **Männerberatungsnetzwerk** - Gewaltschutz- und Konfliktberatung: URL: https://maennerberatungsnetz.de/
- **Männer-Beratungsstellen:**
 URL: https://www.maennerwohnhilfe.de/
- **GIM - Göttinger Institut für Männerbildung & Geschlechterbegegnung:** URL: www.gim-goettingen.de
- **Männerbüro Berlin:** URL: www.maennerberatung.de
- **Sexuelle Funktionsstörungen bei Männern:**
 URL: www.smk-hannover.de/Behandlungsschwerpunkte
- **Hilfe für Pädophile:** Standorte „kein Täter werden".
 URL: https://www.kein-taeter-werden.de/

**Hinter den Schlagzeilen:** Magazin für Kultur und Rebellion. URL: hinter-den-schlagzeilen.de

**Humanistischer Pressedienst:** URL: hpd.de

**Kapucian, Renata:** Screendesignerin, Kassel, RENATA KAPUCIAN SCREENDESIGN - Professionelle Websites. Beratung, Konzeption, Gestaltung. URL: www.kapucian.de

**KenFM:** Unabhängige Beiträge aus Politik und Wissenschaft, von Ken Jebsen. URL: kenfm.de

**Kettenring, Gerlinde:** Heilpraktikerin für Psychotherapie und Hebamme, Reichling. URL: www.gerlinde-kettenring.de

**Klapp, Marian:** Psychologe und Musiker, Braunschweig.

E-Mail: marian_klapp@arcor.de

**Sattler, Eva:** Autorin und Heilpraktikerin für Psychotherapie, Augsburg. URL: www.bluetenknall.de

URL: www.syntraum.de

**Schmidbauer, Wolfgang:** Autor und Psychoanalytiker.

URL: wolfgang-schmidbauer.de

**Senf, Bernd:** Die Lösung der Blockierung ist die Lösung - behutsam, nicht gewaltsam. URL: www.berndsenf.de

**Vonier, Hannelore:**
- Transformationsblog über Strukturen des gemeinschaftlichen Zusammenlebens der letzten 10.000 Jahre bis heute. URL: rette-sich-wer-kann.com
- Blog über den genuinen Lebensstil von Ureinwohnern im Gegensatz zum Leben im Patriarchat. URL: matriarchat.info

**Werner, Heike:** Lehrerin, Kassel. E-Mail: HeikyWe@web.de

**Wolf, Doris:** Große Kulturen des Matriarchat, Patriarchat, Gräuel der christlichen Kolonialisierung, Kriegslügen u.v.m.. URL: www.doriswolf.com/wp/

**Wrede, Volkmar:** Psychologe, Darmstadt. E-Mail: tathatawrede@web.de

**Ziegler, Jean:** Wie kommt der Hunger in die Welt? Ein Gespräch mit meinem Sohn

URL: langelieder.de/lit-ziegler99.html

## Ausblick 1: Vorträge und Lesungen

Ich halte interaktive Vorträge zum Thema Sexualität in Verbindung mit Lesungen, bei denen du durch Wahrnehmungsübungen, Fragen und Diskussionsbeiträge aktiv dabei sein und das Thema ganzheitlich und mit allen Sinnen „erfahren" kannst. Auf jeden Fall gibt es viel in dir zu erleben und vielleicht auch neue Erkenntnisse zum Thema Sex zu finden. Fast alles darf mit Respekt, Achtsamkeit und Humor passieren, nichts muss sein. Also keine Angst, du machst nur so viel mit, wie du willst, oder du genießt einfach nur die Worte und erfreust dich an den Geschichten.

Gerne gehe ich bezüglich Themenauswahl und Ausführung auf spezielle Wünsche von Veranstaltern, Institutionen und Organisatoren ein. Einzelne Themen, zum Beispiel zum Körper, zur sexuellen Entwicklung sowie zur Homosexualität, eignen sich besonders für die Weiterbildung mit Jugendlichen.

## Ausblick 2: Sex zwischen Himmel und Erde, Band 2

Ein weiteres Buch mit dem Titel „Sex zwischen Himmel und Erde" habe ich bereits begonnen. Es beinhaltet ebenfalls drei große Kapitel: Mut, Neugier und Wandlung.

„Mut" beschäftigt sich mit den Themen Ehe und partnerschaftliche Verbindungen. Mut braucht es, um eine feste Verbindung einzugehen, manches Mal auch als Schutzehe oder als Beziehung zwischen unterschiedlichen Kulturen. Mut braucht es ebenfalls, um aus einer Verbindung wieder auszusteigen und gute Lösungen für das Weiterleben und die eigene Weiterentwicklung zu finden. Weiterhin geht es um den Mut zur Eifersucht und zur Ehrlichkeit. Mut ist auch notwendig, um mit einem anderen Menschen in Selbstverantwortung zu lieben und zu leben. Geschichten von Menschen, die aus dem ersten Buch noch nicht bekannt sind, tauchen auf und erzählen mit großer Offenheit ihre Erlebnisse. Wie es mit Tessa und Ernst weitergeht, wird ebenfalls zu lesen sein.

„Neugier" leitet uns unter dem Motto „Wir müssen nichts so machen wie wir's kennen, nur weil wir's kennen wie wir's kennen" unsere bekannten Lebensformen der Lust und Liebe zu hinterfragen, neu zu denken und vielleicht sogar mit Neugier Neues auszuprobieren. Es handelt weiter von der ganz besonderen Hausgemeinschaft von Tessa und Ernst, von einer ungewöhnlichen Verschwesterung mit der „Ex" und von einem zauberhaften Sommermärchen. Modelle freier Liebe begegnen uns - frei vom Besitzenwollen. Wir treffen auf liebevollen, wilden Sex in exotischen Verbindungen. Dabei spielen Emma, die wir von der allerersten Geschichte kennen, sowie Malik und Odo aus Afrika eine besonders erotische Rolle. Verbunden und solidarisch sein, ist das möglich, wenn wir aus den erzwungenen Korsetten genormter Beziehungen aussteigen? Vielleicht sogar leichter? Der sexualpolitische Exkurs findet unter anderem unter dem Stichwort „make love, not war" oder „verbundener Sex als Gewaltprävention" statt.

Das letzte Kapitel heißt „Wandlung". Es geht um letzte Hormonaufwallungen von Anna - der begeisterten und begeisternden Ärztin - in ihrer Begegnung mit Akofa, in der die Sonne aufgeht und es zum schreienden Abschied kommt. Aus Ostafrika begegnet uns ein Kulturschatz, der ebenso genial wie einfach Orgasmusfreuden bei Frauen unterstützt. Weiter geht es um Begegnungen mit pergamentzarter Haut, ums Reifen und Ankommen im Jetzt, in der Präsenz, in der Ekstase und Spiritualität. Zum Schluss erleben wir eine meditative Vision, die der Autorin die Angst vorm Sterben genommen hat.

Mal sehen, wann mich „der Muse" und die Lust küssen, dieses 2. Buch zu Ende zu schreiben.

## Kontakt zur Autorin

**Buch-, Vortrags- und Lesungsanfragen:**

E-Mail: estherweinz@web.de

**Alle weiteren Informationen:**

URL: www.accakassel.de

**Selbstbegegnungen mit der Identitätsorientierte Psychotraumatherapie (IoPT)**

Aktuelle Gruppen

URL: https://docs.google.com/document/d/1HkkvKoYpr-F3KtF6bu7K1BGvCcWhZQqjxVu-8ePW9i8Q/edit?usp=sharing